AS CARTAS DA TRIBULAÇÃO

Jorge Mario Bergoglio
FRANCISCO

AS CARTAS DA TRIBULAÇÃO

Dados Internacionais de Catalogação na Publicação (CIP)
(Câmara Brasileira do Livro, SP, Brasil)

Bergoglio, Jorge Mario
　　Francisco : as cartas da tribulação / Jorge Mario Bergoglio ; [tradução Jaime A. Clasen]. -- São Paulo : Paulinas, 2020. -- (Coleção Francisco)

Título original: Lettere della tribolazione
ISBN 978-85-356-4580-4

1. Cartas 2. Francisco, Papa, 1936- 3. Igreja Católica 4. Reflexões 5. Vida cristã I. Título. II. Série.

19-30967　　　　　　　　　　　　　　　　　　　　CDD-248.4

Índice para catálogo sistemático:

1. Cartas : Reflexões : Vida cristã : Cristianismo　248.4

Cibele Maria Dias - Bibliotecária - CRB-8/9427

Título Original da Obra: Lettere della tribolazione
© 2018, La Civiltà Cattolica, Roma. © 2018, Libreria Editrice Vaticana.

1ª edição – 2020

Direção-geral: *Flávia Reginatto*
Editores responsáveis: *Vera Ivanise Bombonatto*
　　　　　　　　　　　João Décio Passos
Tradução: *Jaime A. Clasen*
Copidesque: *Ana Cecilia Mari*
Coordenação de revisão: *Marina Mendonça*
Revisão: *Sandra Sinzato*
Gerente de produção: *Felício Calegaro Neto*
Projeto gráfico: *Manuel Rebelato Miramontes*
Capa e diagramação: *Tiago Filu*
Imagem de capa: *Servizio Fotografico L'Osservatore Romano*

Nenhuma parte desta obra poderá ser reproduzida ou transmitida por qualquer forma e/ou quaisquer meios (eletrônico ou mecânico, incluindo fotocópia e gravação) ou arquivada em qualquer sistema de banco de dados sem permissão escrita da Editora. Direitos reservados.

Paulinas
Rua Dona Inácia Uchoa, 62
04110-020 — São Paulo — SP (Brasil)
Tel.: (11) 2125-3500
http://www.paulinas.com.br
editora@paulinas.com.br
Telemarketing e SAC: 0800-7010081
© Pia Sociedade Filhas de São Paulo — São Paulo, 2020

SUMÁRIO

Prefácio 7
Francisco

Introdução 9
Antonio Spadaro S.I.

PRIMEIRA PARTE
AS TRIBULAÇÕES DE ONTEM

A doutrina da tribulação 17
Jorge Mario Bergoglio S.J.

Cartas dos superiores-gerais da Companhia de Jesus 23
Lorenzo Ricci S.I. e Jan Roothaan S.I.

Contra o espírito de "assanhamento" 69
Diego Fares S.I.

SEGUNDA PARTE
AS TRIBULAÇÕES DE HOJE

FRANCISCO
"A ferida aberta, dolorosa e complexa da pedofilia"
Quatro cartas à Igreja do Chile

Guia de leitura das "Cartas à Igreja do Chile" 89
Diego Fares S.I.

Carta aos bispos do Chile
8 de abril de 2018 103
Francisco

Carta aos bispos do Chile
15 de maio de 2018 107
Francisco

Carta aos bispos do Chile
17 de maio de 2018 121
Fraternalmente, Francisco

Carta ao povo de Deus que peregrina no Chile
31 de maio de 2018 123
Francisco

FRANCISCO
"Erradicar a cultura do abuso"
Carta ao povo de Deus

Guia de leitura da "Carta ao povo de Deus" 135
James Hanvey S.I.

Carta ao povo de Deus
20 de agosto de 2018 145
Francisco

PREFÁCIO

Recordo que, quando conferi com o padre Miguel Ángel Fiorito S.I. o rascunho do prólogo que havia escrito para a primeira edição de *As cartas da tribulação*, o Mestre (assim o chamávamos porque ele era mestre e continua sendo, já que soube formar uma escola de discernimento) me fez explicitar um pouco mais o último parágrafo, no qual falava de fazer recurso à acusação de mim mesmo (cf. EE 48). Tratava-se de discernir e enfrentar bem a vergonha e a confusão que reinam quando o Maligno desencadeia uma perseguição encarniçada contra os filhos da Igreja, opondo-lhes a sã vergonha e confusão que a infinita misericórdia do Senhor e a sua lealdade fazem sentir a quem pede perdão por seus pecados. "Há uma graça ali" – me disse. "Explicite-a."

Trinta anos depois e em outro contexto (embora a guerra seja a mesma e seja só do Senhor), a reedição destas "Cartas" – que "são um tratado de discernimento em épocas de confusão e tribulação" – nos encontra prontos, resolutamente, junto com outros companheiros que contribuem com suas reflexões no livro, a seguir cumprindo este encargo – agora com sabor de profecia de ancião – de "explicitar uma graça".

Sinto que o Senhor me pede para compartilhá-las de novo. Compartilhá-las com todos os que sentem que o que querem – no meio da confusão que o pai da mentira sabe semear em suas perseguições – é lutar bem. Livres desse vitimismo, ao qual é tentador render-se e que, sabemos, esconde em seu seio o recurso da vingança, que não faz senão alimentar o mal que pretende eliminar.

7

Contra toda tentação de confusão e derrotismo, faz bem voltar a sentir o espírito paterno de nossos maiores que pulsa nestas *Cartas da tribulação*. Eles nos ensinam a escolher a consolação nos momentos de maior desolação.

Recomendo lê-las e rezar com elas. Estas "Cartas" são – foram para muitos em momentos particulares de suas vidas – verdadeira fonte de mansidão, coragem e lúcida esperança.

Francisco

INTRODUÇÃO

No Natal de 1987, o padre Jorge Mario Bergoglio assinou um breve prólogo a uma coleção de oito cartas dos padres-gerais da Companhia de Jesus.[1] Sete são do padre-geral Lorenzo Ricci, escritas entre 1758 e 1773, e uma do padre-geral Jan Roothaan, de 1831. As cartas nos falam de uma grande tribulação: a supressão da Companhia de Jesus. Com efeito, com o breve apostólico *Dominus ac Redemptor* (21 de julho de 1773), o papa Clemente XIV decidira suprimir a ordem como resultado de uma série de movimentos políticos. Posteriormente, em agosto de 1814, na capela da Congregação dos Nobres, em Roma, o papa Pio VII fez ler a bula *Sollicitudo omnium ecclesiarum*, com a qual era restaurada a Companhia de Jesus para todos os efeitos.

Em 1986, o então padre Bergoglio – tendo terminado o seu período como provincial e, depois, como reitor do Colégio Máximo e pároco em San Miguel – foi à Alemanha para um ano de estudos. De volta a Buenos Aires, prosseguiu seus estudos e ensinou Teologia Pastoral. Entretanto, a Companhia de Jesus preparava a LXVI Congregação de Procuradores, que se realizou entre 27 de setembro e 5 de outubro de 1987. A província argentina elegeu Bergoglio "procurador", enviando-o a Roma com a tarefa de informar sobre o estado da província, discutir com os outros procuradores eleitos das distintas províncias sobre o estado da Companhia e votar acerca da oportunidade de convocar uma Congregação Geral da Ordem.

Foi nesse contexto que Bergoglio decidiu meditar e apresentar de novo aquelas cartas dos padres Ricci e Roothaan, porque, em sua

---

[1] *Las cartas de la tribulación*. Buenos Aires: Diego de Torres, 1988.

opinião, eram relevantes e de atualidade para a Companhia. E, para isso, escreveu um texto à maneira de prólogo, que assinou três meses depois, e que se estendia por mais de duas mil palavras, a metade das quais eram notas.

Antes de publicar o conjunto, tinha falado e discutido o seu texto com o padre Miguel Ángel Fiorito, padre espiritual e, de fato, mestre e guia de uma geração de jesuítas.[2]

Hoje, voltamos a apresentar este texto, que nesse entretempo não estava mais e tinha sido republicado recentemente pela *La Civiltà Cattolica Iberoamericana*.[3] Apresentamos também as cartas dos prepósitos-gerais, às quais o texto de Bergoglio faz referência, tal como foram publicadas em tradução ao espanhol em 1987.

Francisco não deixou de fazer referência nestes anos a estas cartas e às suas próprias reflexões de então. Por exemplo, mesmo sem referências explícitas, elas constituíram claramente a espinha dorsal de sua importante homilia para a celebração das vésperas na Igreja de Gesù, Roma, em 2014, por ocasião do 200º aniversário da restituição da Companhia de Jesus.

A ocasião mais recente foi a conversa privada com os jesuítas durante a sua viagem ao Peru.[4] Nessa oportunidade, Francisco afirmou que as cartas dos padres Ricci e Roothaan "são uma maravilha de critérios de discernimento, de critérios de ação para não se deixar levar pela desolação institucional".

---

[2] NARVAJA, J. L. Miguel Ángel Fiorito. Una reflexión sobre la religiosidad popular en el entorno de Jorge Bergoglio. *La Civiltà Cattolica Iberoamericana* II, n. 16 (2018), p. 66-77.

[3] BERGOGLIO, J. M. La doctrina de la tribulación. *La Civiltà Cattolica Iberoamericana* II, n. 16 (2018), p. 15-21.

[4] FRANCISCO. "¿Dónde es que nuestro pueblo ha sido creativo?". Conversaciones con los jesuitas de Chile y Perú. *La Civiltà Cattolica Iberoamericana* II, n. 14 (2018), p. 7-23.

Também fez referência explícita às cartas quando falou aos sacerdotes, religiosos e religiosas, consagrados e seminaristas em Santiago do Chile, em 16 de janeiro de 2018. Na ocasião, convidou a encontrar o caminho a seguir "nos momentos nos quais a poeira das perseguições, tribulações, dúvidas etc. é levantada por acontecimentos culturais e históricos" e a tentação é "ficar ruminando a desolação".

Claramente, Francisco queria dizer à Igreja do Chile uma palavra em tempo de desolação e de "turbilhão de conflitos". Do mesmo modo que naquela ocasião – fazendo sempre referência a essas cartas –, falou de Pedro. Com a pergunta "Tu me amas?", Jesus tinha a intenção de libertar Pedro de "não aceitar com serenidade as contradições ou as críticas. Quer libertá-lo da tristeza e especialmente do mau humor. Com essa pergunta, Jesus convida Pedro a escutar seu coração e aprender a discernir". Em síntese, ele quer evitar que Pedro se converta em destruidor, em mentiroso caritativo ou em perplexo paralisado. Insiste, até que Pedro lhe dá uma resposta realista: "Senhor, tu sabes tudo; sabes que eu te amo" (Jo 21,17). Assim, Jesus o confirma na missão. E, desse modo, o torna seu apóstolo definitivamente.

Essas cartas e as reflexões que as acompanham são importantes para compreender como Bergoglio sente que deve atuar como sucessor de Pedro, quer dizer, como Francisco.

São palavras que ele diz hoje à Igreja, repetindo-as, antes de mais nada, a si mesmo. E, sobretudo, são palavras que o Papa considera fundamentais para que a Igreja esteja hoje em condições de enfrentar tempos de desolação, de perturbação, de polêmicas falsas e antievangélicas.

Qual é o contexto das "cartas da tribulação" de hoje, propostas na segunda parte deste livro? Depois de sua viagem ao Chile e ao Peru (15-22 de janeiro de 2018), Francisco, rechaçando a lógica do "bode expiatório", assumiu em primeira pessoa a responsabilidade

11

e a "vergonha" do escândalo dos abusos a menores cometidos por prelados no Chile e durante sua gestão. Com esse espírito, ao voltar a Roma, o Papa formou uma comissão especial sob a direção de S. E. Monsenhor Charles J. Scicluna, para escutar diretamente os testemunhos das vítimas e reunir documentação.

Depois da visita ao Chile e da relação da dita "Missão especial", o papa Francisco convocou, mediante uma carta datada em 8 de abril de 2018, todos os bispos chilenos a Roma "para dialogar sobre as conclusões da mencionada visita e minhas conclusões". É justamente o escrito de 31 anos atrás que gerou esta nova "carta da tribulação".

Ao começar o encontro, que ocorreu entre 15 e 17 de maio de 2018, o Papa entregou aos bispos uma nova carta de dez páginas, *per se* não destinada à divulgação, mas que depois foi dada a conhecer pela emissora de televisão Canal 13. Neste volume oferecemos o dito texto.

No final do encontro, Francisco entregou aos bispos uma breve carta pública e confiou a eles uma carta ao "povo de Deus que peregrina no Chile", que também publicamos em nossa documentação.

Fecha a segunda parte deste livro a "Carta ao povo de Deus", de 20 de agosto de 2018, publicada depois da difusão do informe sobre os casos de pedofilia nas dioceses de Pensilvânia, nos Estados Unidos.

"As cartas da tribulação" é um volume epistolar gerado em tempo e no confronto com situações difíceis. Revela muito de Francisco e de seu modo de enfrentar o tempo da desolação.

A leitura dos dois textos de Francisco está acompanhada por um sólido guia de leitura de dois jesuítas: o padre Diego Fares, de *La Civiltà Cattolica*, que conhece o Papa há muito tempo e que esteve junto a ele também nos tempos da desolação; e o padre James Hanvey, da Universidade de Oxford, que escreveu uma aguda reflexão sobre a "Carta ao povo de Deus" acerca dos abusos.

Entretanto, o próprio papa Francisco decidiu escrever um prefácio para este livro, a fim de sublinhar o significado atual dos textos por ele propostos no já distante 1987. "Sinto que o Senhor me pede para compartilhá-los de novo", escreve. Confirma que as cartas dos padres-gerais constituem um tratado de discernimento nos momentos de confusão e de angústia e exprime "o espírito paternal de nossos maiores que pulsa [nas cartas]" e "nos ensina e escolher a consolação".

Elas constituem, assim, uma unidade com as outras quatro cartas escritas por Francisco no presente.

A primeira ideia dessa coleção – sob a forma de republicação do opúsculo original de 1987 – me veio durante o voo de volta da viagem ao Chile e ao Peru. Depois se viu confirmada à luz das "Cartas da tribulação" que o Papa escreveu aos bispos do Chile e ao povo de Deus. Tomou corpo no diálogo com o padre Diego Fares, que compôs os aparatos de comentário, e, por último, recebeu a sua aprovação final pelo próprio Francisco em 8 de novembro de 2018, acompanhada por seu prefácio, com o qual a oferece não somente à leitura, mas também, sobretudo, à oração.

Antonio Spadaro S.I.

PRIMEIRA PARTE

AS TRIBULAÇÕES DE ONTEM

A DOUTRINA DA TRIBULAÇÃO

Jorge Mario Bergoglio S.J.

Os escritos que seguem têm por autor dois padres-gerais da Companhia de Jesus: o padre Lorenzo Ricci (eleito geral em 1758) e o padre Jan Roothaan (eleito em 1829). Ambos tiveram de conduzir a Companhia em tempos difíceis, de perseguições. Durante o generalato do padre Ricci, foi levada a cabo a supressão da Companhia por parte do papa Clemente XIV. Havia muito tempo que as cortes bourbônicas "exigiam" essa medida. O papa Clemente XIII confirmou o Instituto fundado por Santo Inácio; no entanto, os embates bourbônicos não cederam até a publicação do Breve *Dominus ac redemptor*, de 1773, no qual a Companhia de Jesus era suprimida.[1]

---

[1] As interpretações históricas sobre a conduta do papa Clemente XIV são variadas. O ponto de vista de cada uma delas parte sempre de alguma realidade objetiva. Penso que nem sempre é acertado o fato de absolutizar essa verdade, transformando-a na única chave interpretativa. Um bom compêndio sobre o tema pode ser encontrado em G. Martina (*La Iglesia, de Lutero a nuestros días*. Madrid: Cristiandad, 1974, 4 v.; v. II, p. 271-287). Contém também abundante bibliografia. O julgamento que de Clemente XIV faz Pastor, em sua *História dos papas* (v. XXXVII), é sumamente duro. Por exemplo, "a fraqueza de caráter de Clemente XIV dá a chave para entender a sua tática de ceder o máximo possível às exigências das cortes bourbônicas e de restabelecer a paz por este meio..." (p. 90). "A qualidade mais fatal do novo Papa: a fraqueza e a timidez, com as quais andavam junto sua doblez e lerdeza" (p. 82). "A Clemente XIV falta coragem e firmeza; em todas as suas resoluções é lento até um extremo incrível. Cativa as pessoas com belas palavras e promessas, as engana e as fascina. No princípio promete céus e terra, mas depois põe dificuldades e adia a solução, segundo o costume romano, ficando no fim triunfante. Dessa sorte, todos acabam por ficar presos em suas redes. Tem habilidade admirável para evitar toda decisão em suas contestações

Também ao padre Roothaan couberam tempos difíceis: o liberalismo e toda a corrente da Ilustração que desembocava na "modernidade". Em ambos os casos, no do padre Ricci e no do padre Roothaan, a Companhia era atacada principalmente por sua devoção à Sé Apostólica: tratava-se de "um tiro no escuro". Não faltavam, contudo, deficiências dentro das fileiras jesuítas.

Aqui o objetivo é apenas o de detalhar os fatos históricos. Baste o que foi dito para enquadrar a época dos dois padres-gerais. O importante é ter presente que, em ambos os casos, a Companhia *sofria tribulação*; e as cartas que seguem são *a doutrina sobre a tribulação* que os dois superiores recordam aos seus súditos. Constituem um tratado acerca da tribulação e do modo de suportá-la.

Em momentos de perturbação, nos quais a poeira das perseguições, tribulações, dúvidas etc. é levantada pelos acontecimentos culturais e históricos, não é fácil atinar com o caminho a seguir. Há várias tentações próprias desse tempo: discutir as ideias, não dar a devida importância ao assunto, fixar-se demais nos perseguidores e ficar ruminando ali a desolação etc. Nas cartas que

---

aos embaixadores; despede-os com boas palavras e elogiosas esperanças que depois não se realizam. Quem pretende conseguir uma graça terá de procurar consegui-la na primeira audiência. Além disso, um embaixador perspicaz pode descobrir o seu jogo duplo, porque é muito propenso a falar" (p. 82-83). Estes são julgamentos que Pastor toma de documentações da época, e, embora a sua opinião sobre o papa Ganganelli termine sendo negativa, é muito mais a opinião que sustenta sobre o seu secretário, frei Bontempi, também frade menor conventual, que é praticamente responsável, em grande parte, pelos erros de Ganganelli. Bontempi – segundo Pastor – tratou simoniacamente com o embaixador espanhol sobre a supressão da Companhia. Conseguiu que Clemente XIV o nomeasse cardeal *in pectore*, mas fracassou quando exigiu dele, no leito de morte, a publicação do cardinalato. Pastor o apresenta como um sujeito ambicioso, sem escrúpulos, que se move nos bastidores e que procura "ficar bem"; de tal modo que prepara assim o seu futuro.

seguem vemos como os dois padres-gerais enfrentam tais tentações e propõem aos jesuítas a *doutrina* que os enrijece na própria espiritualidade[2] e fortalece a sua pertença ao corpo da Companhia, a qual "é primária e deve prevalecer em relação com todas as outras

---

[2] O padre José de Guibert S.I., em sua obra *La Espiritualidad de la Compañía de Jesús* (Santander, Sal Terrae, 1955), afirma: "Em consonância com isso [refere-se ao Decreto 11 da Congregação Geral XIX, que elegeu o padre Ricci como geral] se acha a emocionante série de cartas dirigidas pelo novo geral aos seus religiosos, à medida que as provas se acumulam e os perigos vão aumentando. Em 8 de dezembro de 1759, no dia seguinte aos decretos de Pombal que destruíram as províncias portuguesas, convida à oração para pedir pelo pronto *spiritum bonum*, o verdadeiro espírito sobrenatural da vocação, a perfeita docilidade à graça divina. De novo, em 30 de novembro de 1761, no momento em que a França, por sua vez, é alcançada pela tempestade, o que pede é pôr plena confiança em Deus, aproveitar-se das provações para a purificação das almas, recordar que nos aproximam mais de Deus e servem também para a maior glória de Deus. Em 13 de novembro de 1763, também insiste na necessidade de orar e de tornar mais eficaz a oração com a santidade da vida, recomendando, antes de tudo, a humildade, o espírito de pobreza e a perfeita obediência pedida por Santo Inácio. Em 16 de junho de 1769, depois da expulsão dos jesuítas espanhóis, faz novo chamado à oração, ao zelo para purificar-se dos menores defeitos. Enfim, em 21 de fevereiro de 1773, seis meses antes da assinatura do Breve *Dominus ac redemptor*, quer ver na falta de todo socorro humano um efeito da misericórdia de Deus que convida os que prova a confiar apenas nele; exorta também à oração, porém, para pedir unicamente a conservação de uma Companhia fiel ao espírito de sua vocação: "Se, o que Deus não permita, houvesse de perder esse espírito, pouco importaria que fosse suprimida, já que se teria tornado inútil para o fim para o qual fora fundada". E termina com uma cálida exortação para manter em sua plenitude o espírito de caridade, de união, de obediência, de paciência e de simplicidade evangélica".

"Tais são as palavras com as quais a Divina Providência quis que se encerrasse a história espiritual da Companhia no momento da prova suprema do sacrifício total que iria ser exigido. Cordara, e outros depois dele, censuraram em Ricci uma passividade excessiva diante dos ataques de que a sua Ordem era objeto, uma falta de energia e de habilidade para valer-se de todos os meios à sua disposição para frustrar os ataques; este não é o lugar para discutir se semelhante crítica está fundada, mas o certo é que, antes de ouvir os convites a recorrer a habilidades humanas, legítimas, mas, sem dúvida, totalmente inúteis, é preferível ouvir as reiteradas chamadas à fidelidade sobrenatural, à santidade da vida, à unção com Deus na oração, como coisas essenciais naquelas últimas horas da ordem, em vésperas de morrer" (p. 318-319).

(a instituições de toda ordem, sejam da Companhia ou exteriores a ela). Ela deve caracterizar qualquer outro compromisso que, por ela, é transformado em 'missão'...".[3]

Por trás das posturas culturais e sociopolíticas dessa época, estava subjacente uma *ideologia*: a Ilustração, o liberalismo, o absolutismo, o regalismo etc. No entanto, chama a atenção o fato de os dois padres-gerais – em suas cartas – não se porem a discutir com elas. Sabem de sobra que – em tais posturas – há erro, mentira, ignorância... Todavia, deixam de lado estas coisas e – ao se dirigir ao corpo da Companhia – centram a sua reflexão na *confusão* que tais ideias (e as consequências culturais e políticas) produzem no coração dos jesuítas. Pareceria como se temessem que o problema estivesse mal focalizado. É verdade que há luta de ideias, mas eles preferem ir à vida, à situacionalidade que tais ideias provocam. *As ideias se discutem, a situação se discerne*. Essas cartas pretendem dar elementos de discernimento aos jesuítas em tribulação. Por esse motivo, em sua exposição, preferem – mais que falar de erro, ignorância ou mentira – referir-se à confusão. A confusão mora no coração: é o vaivém dos diversos espíritos. A verdade ou a mentira, abstratamente, não é objeto de discernimento. A confusão, entretanto, sim. As cartas que seguem são um tratado de discernimento em época de confusão e tribulação. Mais que argumentar sobre ideias, essas cartas *recordam a doutrina* e – por meio dela – conduzem os jesuítas a *assumirem a sua própria vocação*.

"Quase não há necessidade de lembrar o protesto que o padre Ricci, moribundo, cuidou que fosse lido, no momento de receber o viático, em sua prisão do Castelo de Sant Angelo, em 19 de novembro de 1775: no momento de comparecer perante o tribunal da infalível verdade, era dever seu protestar que a Companhia destruída não tinha dado nenhum motivo para sua supressão; declarava e atestava isso com a certeza que moralmente pode ter um superior bem informado do estado de sua Ordem; depois, disse que ele mesmo não dera motivo algum, por leve que fosse, para a sua prisão" (ibid., nota 71).

[3] CG XXXII, IV, 66.

Diante da gravidade desses tempos, do ambíguo das situações criadas, o jesuíta *devia discernir*, devia recompor-se em seu próprio pertencimento. Não lhe era lícito optar por alguma das soluções que negasse a polaridade contrária e real. Devia "buscar para achar" a vontade de Deus, e não "buscar para ter" uma saída que deixasse tranquilo. O sinal de que tinha discernido bem ele teria na *paz* (dom de Deus) e não na aparente *tranquilidade* de um equilíbrio humano ou de uma opção por algum dos elementos em contraposição. Concretamente, não era de Deus defender a verdade ao custo da caridade, nem a caridade ao custo da verdade, nem o equilíbrio ao custo de ambas. Para evitar converter-se num verdadeiro destruidor, num caritativo mentiroso ou num perplexo paralisado, devia discernir. E é próprio do superior ajudar no discernimento. Esse é o sentido mais profundo das cartas que seguem: um esforço da cabeça da Companhia para ajudar o corpo a tomar uma atitude de discernimento. Tal atitude *paternal* resgata o corpo do desamparo e do desenraizamento espiritual.

Finalmente, mais uma coisa acerca do método. O recurso às verdades fundamentais que dão sentido ao nosso pertencimento parece ser o único caminho para enfocar de maneira reta um discernimento. Santo Inácio o recorda antes de qualquer eleição: "O olhar da nossa intenção deve ser simples, tendo somente em vista o fim para o qual sou criado...".[4] Além disso, não é de estranhar o recurso que, nessas cartas, os padres-gerais fazem aos pecados próprios dos jesuítas, aos quais – num enfoque meramente discursivo e não de discernimento – parecia que nada tinham a ver com a situação externa de confusão provocada pelas perseguições. O que sucede não é casual: subjaz aqui uma dialética própria da situacionalidade do discernimento: buscar – dentro de si mesmo – um estado parecido com o de fora. Nesse caso, ver-se sozinho, perseguido, poderia gerar o mau

---

[4] Cf. *Exercícios espirituais*, 169.

espírito de "sentir-se vítima", objeto de injustiça etc. Fora, pela perseguição, há confusão... Ao considerar os pecados próprios, o jesuíta pede – para si – "vergonha e confusão de mim mesmo".[5] Não é a mesma coisa, mas se parecem; e – dessa maneira – se está em melhor disposição de fazer o discernimento.

As cartas que seguem foram traduzidas do seu original latino[6] [para o espanhol] pelo R. P. Ernesto Dann Obregón S.I., que desta maneira põe nas mãos de tantos leitores esta joia de nossa espiritualidade.

25 de dezembro de 1987

---

[5] Cf. ibid., 48.
[6] *Epistolae Praepositorumm Generalium ad Patres et Fratres Societatis Iesu*, Rollarii: Iulii De Meester, 1909, 4 v., p. 257-307 e 332-346.

CARTAS DOS SUPERIORES-GERAIS DA COMPANHIA DE JESUS

Lorenzo Ricci S.I. e Jan Roothaan S.I.

Carta do M. R. P. Lorenzo Ricci aos padres e irmãos da Companhia (26 de setembro de 1758)

Sobre que há de se orar mais por causa das calamidades que oprimem e ameaçam a Companhia

1. Ainda que sejam muitas as calamidades que nos oprimem e muitas também as que nos ameaçam, e mesmo depois de termos orado tanto ao Senhor nos meses passados, contudo, não devemos sequer duvidar de que em algo se tenha diminuído a divina misericórdia; mais ainda devemos pensar que é próprio da divina misericórdia "corrigir e castigar e açoitar a todo aquele que recebe como filho" (Hb 12,6). Duas certamente são as coisas que Deus espera de nós e que incessantemente pede. Em primeiro lugar, pretende aumentar certamente nossa afeição à virtude e à perfeição religiosa, pois deseja uma piedade mais fervorosa para com ele, com a qual nos deleitamos falando com gosto com ele, e que demos às santas meditações não só o tempo indicado em nossa legislação, mas também o que nos reste em nossas ocupações, esforçando-nos em ampliar a glória de Deus com os trabalhos empreendidos; pede uma mais ardente caridade para com os próximos, graças à qual a

ninguém deixaremos de querer; a ninguém vituperaremos e a ninguém culparemos, mas sim procuremos fazer tudo bem por qualquer meio que pudermos; pede maior solicitude em adquirir aquelas virtudes que nos tocam especialmente: mortificação para não buscar as comodidades; humildade para que pensemos e falemos singelamente de nós; a pobreza contente com o necessário, desprezando o supérfluo; a obediência que descarte toda desculpa. Tendo sabido pelas cartas da maior parte das regiões o grande fruto que a maioria dos nossos tiraram das calamidades, digo com o salmista "a sua vara e o seu bastão me consolaram"; superabundei de gozo em todas as nossas tribulações e pensei que nada melhor podia suceder-nos, nem ser mais feliz. Oxalá todos obtenhamos o mesmo fruto, e cada um de nós possa dizer: "Foi bom para mim ser humilhado, para que aprendesse teus juízos" ["bonum mihi quia humilasti me, ut discam iustificationes tuas"] (Sl 118,71)!

2. Porém, Deus misericordioso atende também a outra coisa, segundo bem entendem aqueles que conhecem os caminhos do Senhor: ele se compraz com as nossas orações, agrada-lhe a humildade, regozija-se com a fé com que nos refugiamos nele; e pareceria que temesse que, tirados das calamidades, nos distrairíamos do seu olhar. Por isso, padres e irmãos, meus caríssimos, ouvi a voz de Deus que admoesta com amor e não tenhais preguiça de voltar de novo aos rogos.

3. Mas, para que esses rogos tenham mais força, desejaria que nossas preces fossem apresentadas por aquela que é a mais grata de todas as criaturas e a mais poderosa para conseguir o que pede: Maria, a qual chamamos, com a Igreja, Advogada nossa, Esperança nossa, Consolo dos aflitos; e a chamamos assim com um suavíssimo afeto da alma. Devemos confiar que ela estará presente com seu auxílio em nossa Companhia, posto que a Santíssima Virgem atende prontamente os que piedosa e confiantemente a invocam; ela inspirou em

nosso Pai Inácio o pensamento de fundar uma nova milícia; quando ele se prostrou aos seus pés depondo as suas armas profanas, ela o recebeu em seus braços no dia da Assunção; à Companhia, ela encheu de inumeráveis benefícios os seus alunos. Por conseguinte, vamos a ela. "Mil escudos" (*Mille clypei*, Ct 4,4) pendem dela, como diz Santo Tomás, para repelir todo medo e calamidade; por isso, a piedosíssima Mãe não desprezará nossas preces, mas voltará para nós esses seus olhos misericordiosos.

4. Assim, pois, desejo e peço, o que não duvido que fareis cada um de vós, que vos proponhais a celebrar com singular piedade a festa da Santíssima Concepção da Beatíssima Virgem Maria; igualmente seguindo a tradição de varões piedosos, a prepareis com uma novena cheia de piedosos exercícios, com o seguinte fim: que a Mãe piedosíssima, como mãe amantíssima, seja a defesa de nossa Companhia. Não indico os atos peculiares a fazer durante os dias da novena, pois poderia prescrever menos do que estais dispostos a realizar. Fica ao arbítrio dos superiores prescrever algumas preces ou piedosos exercícios dentro de nossa casa. Isso não deixo livre a ninguém, mas o encomendo a todos muito especialmente, e oxalá pudesse a cada um felizmente encomendar que revivam a sua devoção à Santíssima divina Mãe, se acaso tenha esmorecido. Dela chegará todo bem, tanto a cada um como à Companhia universal.

5. Assim, pois, padres e irmãos caríssimos, rogai com empenho à amantíssima Mãe que continue demonstrando seu singular patrocínio, que inspire a todos o espírito de seu Filho; a mim especialmente, o mais necessitado, não aconteça que à Ordem cujo governo me foi encomendado ou a mim mesmo cause algum dano. Por isso, desejaria ser encomendado nos santos sacrifícios e orações.

Em Roma, 26 de setembro de 1758
RR. padres e irmãos caríssimos, servo de todos vós em Cristo
Lorenzo Ricci

Carta do M. R. P. Lorenzo Ricci aos padres e irmãos da Companhia (8 de dezembro de 1759)

Da constância na oração pelas tribulações da mesma Companhia

1. Como sabeis, no ano passado imploramos a divina clemência com preces ditas em comum, e com humilde coração esperamos em nossas tribulações o consolo do céu. Nem abrigo a menor dúvida de que o Pai das Misericórdias olhou benignamente do céu as nossas preces e lágrimas que lhe eram levadas por ministério dos anjos. Mais ainda, segundo penso, a toda a corte celestial terá agradado aquele espírito de humildade e compunção com o qual nos prostramos diante do trono da graça; e se não nos foi concedido o que pedíamos, certamente trouxeram ao nosso espírito consolação e outros bens espirituais.

2. Neste ano, porém, me sinto advertido por vós mesmos sobre que não havemos de indicar um tempo para a divina misericórdia nem indicar o dia de sua comiseração, mas se há de insistir mais na oração até que chegue o auxílio oportuno na tribulação. E, por isso, tacitamente me rogais que ordene a toda a Ordem novas rogativas para conter as iras celestiais. E certamente nada faço com mais gosto nem com nada fico tão reverente como quando penso comigo mesmo que em tal dia, a tal hora, a Companhia inteira está diante da presença de Deus, que está dirigindo os rogos dos humildes, os quais penetram os céus sempre agradáveis a Deus, e que ao mesmo se está oferecendo o coração contrito e humilhado que ele nunca despreza.

3. E é assim certamente, padres e irmãos caríssimos. Os benefícios divinos são concedidos à perseverança das orações humildes, fervorosas e cheias de fé; com muitíssima verdade dizia Judite: "Sabei que Deus ouvirá as vossas orações, se constantes perseverardes nos jejuns e orações diante do Senhor" (4,12). Por isso, tende por certo

que alguma vez há de ser conseguida a divina misericórdia do Pai; a condição é que não vos afasteis de sua presença nem interrompais por tédio ou cansaço o piedoso que foi começado. Pois é próprio do magnânimo ser tocado pelos clamores dos necessitados que pedem a sua ajuda; a divina misericórdia, por sua natureza, se inclina a aliviar as misérias dos mortais; e, finalmente, quem de nenhuma maneira pode enganar a fé do prometido, sabiamente nos alenta a obter sem dúvida o que pedimos, precisamente sendo constantes no pedir, buscar e chamar: "Quaerite et invenietis, petite et accipietis, pulsate et aperietur vobis" (Mt 7,7 e Jo 16,24). "Pedi e vos será dado, buscai e achareis, batei e vos será aberto" (Mt 7,7).

4. Que a oração perseverante é eficaz, o próprio Cristo prova, e nos põe isso diante dos olhos com argumento suavíssimo, segundo o qual, quem estudar em São Lucas, não poderá deixar de conseguir uma fé certíssima. São vencidos, diz ele, os homens com a importunidade de um amigo suplicante; nem há entre vós um pai tão duro e insensível a quem não vençam finalmente os rogos de um filho que roga e pede. Se, pois, a assiduidade e perseverança do rogo vale tanto diante dos homens, por si inclinados ao mal, o que não poderá diante de Deus, cuja natureza é bondade, cuja beneficência não termina com sua generosidade, diante de quem nossas súplicas não são molestas, mas suaves e agradáveis, não havendo amigo nem pai mais verdadeiro que ele. "Pois se vós, maus como sois, sabeis dar coisas boas aos vossos filhos, quanto mais vosso Pai do céu dará o Espírito Santo aos que lhe pedem?" (Lc 11,13).

5. E por certo gostaria de que em vossas orações buscásseis principalmente este Espírito Santo do qual ele mesmo fala; a saber, espírito de penitência e compunção pelos pecados cometidos; espírito de paciência e mansidão nas tribulações; espírito de caridade, zelo, trabalho infatigável pela salvação das almas; espírito de humildade, mortificação, de desprezo do mundo e de nós mesmos; espírito de piedade e de religião, de união com Deus e de perfeita submissão

à sua vontade; espírito de observância regular; porém, sobre todas as coisas, como diz a Escritura, é espírito de graça e de oração (Zc 12,10), somente no qual está contido o melhor dos regalos e o mais perfeito dos dons. Para resumir, desejo que supliqueis àquele espírito que Deus desde o começo infundiu na Companhia, com o qual depois a conservou e a aumentou até este dia.

6. E não vos admireis de que eu tanto me preocupe com este único espírito, como se nada mais devesse ser pedido de grande maneira, pois, se quereis atender ou à sua particular dignidade ou aos bens que dele se seguem, este bem é de tal maneira excelente que fora dele todos os outros bens são minorados. E ademais muito bem sabe nosso Pai celestial quais outras penúrias nos afligem, e ele mesmo prometeu todos os outros bens aos que antes de tudo buscassem o Reino de Deus. Finalmente, ninguém pode duvidar de que Deus ordene as suas providências sobre nós principalmente para este fim, que seja afastado de nós tudo o que excluir este espírito de que falei, e também que o mesmo espírito se mantenha e acrescente em nós; quando isso acontecer, certamente podemos esperar que a divina benignidade nos será propícia em outras coisas ou assuntos.

7. Por tudo isso, empregarei para vós as palavras do apóstolo: *Spiritum nolite extinguere* (1Ts 5,19): "Não apagueis o Espírito". Certamente que o clementíssimo Deus vo-lo dará por vossas petições, mas tende um cuidado diligente de que não se apague uma vez aceso, seja pelo pouco cuidado no referente à piedade, seja cumprindo com ânimo um tanto remisso as obrigações de cada um, seja apetecendo sem moderação comodidades, fama e demais coisas vãs e perecedouras. Cada um se mostre dócil à voz divina, e por ela facilmente entenderá o que Deus lhe pede. Cada um tema que não aconteça que ponha empecilho à graça celestial e com as culpas privadas dê ocasião às calamidades públicas, o que sempre acontece por divina determinação.

8. Além disso, diletíssimos, vossas orações devem recorrer a outras necessidades de nossa Ordem, como Cristo ensinou e é costume da Igreja; mas primeiramente confessemos que nossas calamidades ocorrem por nossas culpas; e recebemos tais calamidades com humildade como mandadas por mão divina, que paternalmente nos castiga. Com essa preparação, nenhuma mais apta para abrandar as entranhas da misericórdia de nosso Deus do que levantar vossas mãos e orações ao céu. Nosso Pai ouvirá os votos dos aflitos segundo o seu costume. Quando estes desfalecerem, pedi em nome daquele que se constituiu nosso mediador perante o Pai e interpõe por nós seus méritos. Nada se nega ao que roga em seu nome. E, porque as intercessões dos santos são de muita valia, principalmente as da Santíssima Mãe, chamai-os em auxílio e tomai-os por vossos peticionários; usando as palavras da Igreja, rogai-lhe que se mostre ser Mãe e ofereça ela, em suas mãos, vossas preces àquele que, tendo estabelecido nascer por nós, dignou-se nascer dela.

9. Pois bem, a todos mando o seguinte: os superiores indicarão alguns exercícios de piedade para que todos, em comum, enquanto se puder, os façam como preparação durante nove dias precedentes ao dia da Anunciação, e onde não houver chegado a tempo esta carta, se escolherá outra Festa da Santíssima Virgem; isto se fará além das preces e mortificações privadas que cada um se imporá segundo a sua vontade, ou melhor, segundo a medida do ardor de sua piedade, tendo sido consultado o diretor espiritual. Finalmente, que, durante todo o ano de 1760, todo sacerdote celebre semanalmente uma missa, além da costumeira, por nossa Companhia; e muito desejaria que essas missas fossem ditas no mesmo dia, em atenção ao que cada um poderia escolher no dia de sábado. Ademais, em todas as missas se acrescentará a oração da Coleta "pro Congregatione et Familia". Finalmente, os que não são sacerdotes rezem um Rosário semanal pela Companhia, além do prescrito.

10. Falta que rogue e suplique, a cada um, que consigam de Deus, em meu favor, esse espírito que em outros requeiro, o que faço do mais íntimo do meu sentimento; que não aconteça que sobre a inocente Companhia, por meus pecados, provoque um castigo de Deus. Também desejo que peçais que Deus seja a minha luz, minha fortaleza e minha salvação; que dirija todos os meus passos em sua presença: pelo que de grande maneira me encomendo a vossas orações e sacrifícios.

Roma, 8 de dezembro de 1759
Lorenzo Ricci

Carta do M. R. P. Lorenzo Ricci aos padres e irmãos da Companhia (30 de novembro de 1761)

Das causas de consolo e do recurso a Deus nas calamidades

1. Em tantas e tão grandes calamidades em que a Companhia de Jesus é pressionada, por justa e misericordiosa disposição de Deus, não temi tanto, padres e irmãos caríssimos, que padecesse graves danos pela força e multidão das mesmas, quanto que vosso ânimo decaísse e carecesse de paciência e de confiança em Deus. Pois, no que diz respeito à primeira causa de temer, imediatamente me ocorreu o Salmo que diz: "nossos destinos na mão de Deus" estão colocados, quer dizer, nas mãos de um Pai amantíssimo; que nada sucede sem a sua aprovação, que tudo se ordena para a nossa utilidade e proveito espirituais, que tudo se origina de seu infinito amor para conosco.

2. Inumeráveis causas de consolação emanam dessa única fonte; sendo assim que, como atesta o profeta, "são muitas as tribulações dos justos" (Sl 33,20), devemos alegrar-nos de que a divina

benignidade nos chame, ainda que indignos e pecadores, à sorte dos justos. Não deve, porém, minorar a causa de nossa consolação o pensamento de que não se propõe exercitar-nos na virtude tanto como castigar-nos por nossos pecados; e isto mesmo é próprio da exímia misericórdia: em tempo de tribulação perdoa os pecados àqueles que o invocam e impõe penas nesta vida; aqui apagamos os nossos pecados com penas muito mais leves e, além disso, a aceitação das dores é acompanhada com o fruto de grande mérito; tampouco reserva as penas para a outra vida, na qual, embora os pecados sejam expiados com penas muito maiores, se carece da utilidade do mérito. Portanto, como diz Tobias no c. III, se a nossa vida estiver em tribulação, será coroada; se estiver em correção, poderá acudir à misericórdia de Deus.

3. Nem se propõe Deus somente a mudar as terríveis e menos úteis penas por levíssimas e utilíssimas, mas também a enriquecer-nos com os grandíssimos prêmios do céu; na verdade, contanto que soframos as tribulações enviadas por Deus com paciência e humildade, isto é, à imitação de Nosso Senhor Jesus Cristo e dos santos. É, pois, estreito e angustioso o caminho que conduz à vida, vida tanto mais feliz quanto mais angustioso for o caminho. As tribulações têm razão de preço com o qual sucede, como se comprássemos a vida gloriosa e quanto mais pagarmos tanto mais abundante glória teremos.

4. Para obter este fim não há instrumento mais idôneo que o da tribulação; nela, como com um fogo se purificam nossos afetos de toda mancha e vício. Pois, se dos mesmos trabalhos que tomamos para a glória de Deus e salvação dos próximos, buscamos, com certa tácita expectação, comodidades ou louvores humanos, o que é muito próprio de nossa natureza viciada e não poucas vezes sucede por engano do comum inimigo, na tribulação vemos que se desvanece nossa expectação e, quando compreendemos que éramos enganados por aqueles bens, por outro lado vaníssimos, nos separamos com certa

desesperança de todas as coisas terrenas e aprendemos a atribuir tudo a Deus, de cuja fidelidade não podemos duvidar.

5. De onde se segue também que tomemos tédio por esta vida miserável e levantemos a mente para as nostalgias da pátria celestial. Pois a cegueira e a fraqueza de nossa natureza são antes raptadas pela presença de um bem falso que pela esperança de um bem futuro. Dado, pois, que nossa vida presente não tem esse bem, mas que é acossada por angústias, medos e dores, por própria experiência conhecemos que nos fica aquele bem, para que suspiremos pela pátria feliz onde, nem bem colocamos o pé, Deus secará as lágrimas de nossos olhos.

6. Além do mais, a tribulação traz outra utilidade: faz-nos humildes, torna-nos cautos em agir e falar e acende a afeição à oração. Pois assim como louvores, aplausos, favor e estima fomentam o orgulho nas almas de todo homem, assim também a desestima, o vitupério e o desprezo, superados os estímulos da soberba, levam ao conhecimento de nossa baixeza, e não permitem apetecer o que entendemos se nos deve negar. E, quando advertimos que os homens estão com os olhos atentos, para recriminar, criticar e interpretar desfavoravelmente a nós e a tudo que é nosso, nos acostumamos a cuidar-nos, a fim de não darmos ocasião à má crítica com as nossas palavras e ações. Finalmente, quando vemos que não há ajuda humana para nos livrar das angústias, levantamos os olhos ao Senhor e mais frequente e ardentemente clamamos a ele. "Ele não se alegra com a nossa perdição, mas traz a tranquilidade depois da tempestade e infunde alegria depois das lágrimas e do pranto" (Tb 3,22).

7. E Deus vê certamente desde o céu as nossas tribulações; se as suportamos como corresponde a servos de Deus, ele se alegra com o triunfo não tanto nosso como seu; ele vence em nós pela graça; os santos se alegram com os santos diante de Deus, e a nós nos esperam futuros companheiros nas consolações, como agora somos nas

tribulações. Posto que Deus lavra com uma imagem e semelhança de Jesus Cristo, por meio das tribulações, como com um "buril com toque e golpes saudáveis", como canta a Igreja, para ser colocada alguma vez num dossel da bem-aventurada eternidade.

8. Acrescento ainda uma consideração para vossa consolação, que é primordial para os que amam a Deus. Ninguém pode duvidar de que nossas tribulações, de qualquer classe que sejam, venham de qualquer causa e, qualquer que seja o fim que tenham de ter, devem servir para a glória de Deus. Por conseguinte, não há razão para que as tribulações tirem a tranquilidade de nós, que temos a prescrição do Instituto de buscar em tudo a maior glória de Deus. É suficiente que derivemos a Deus a honra de nossas tribulações; convém-nos contemporizar com elas, mais ainda, alegrar-nos veementemente, se amamos a Deus.

9. E estas são as razões com as quais o "Pai das misericórdias, e Deus de todo consolo, nos consola em qualquer tribulação nossa" (2Cor 1,3). As quais, quando as repasso com minha mente e confio que vós, padres e irmãos caríssimos, tirareis os riquíssimos frutos que disse, se me governasse com alma de santos, diria com o apóstolo: "Superabundo de gozo em toda tribulação nossa" (2Cor 7,4). Se a Deus aprouver como forçar a emenda de nossos defeitos precisamente deste modo, aumentar em nós o temor santo e a observância das regras; afeição à oração, humildade, caridade, mortificação, desprezo do mundo e promover zelo das almas, eu rogaria que não afastasse a sua mão do castigo, e minha consolação seria que não me perdoasse dores nem aflição, contanto que esse fruto antedito das tribulações sempre exista na Companhia.

10. Enquanto me angustio por elas e, segundo é minha fraqueza, caio pela dor das presentes e temor das futuras, no entanto o que mais temo é que fraquejeis na paciência e na confiança. Certamente, Deus no mais das vezes não permite que nossas tribulações

se prolonguem, posto que ele conhece nosso feitio, e conosco trata como um pai que por amor prontamente retrai sua mão do castigo, não só para "dar glória ao seu nome", mas também para agir conosco "segundo a multidão de suas misericórdias" (Sl 51,2).

11. Nem é difícil invocar a divina clemência: as nossas coisas estão seguras, contanto que tenhais colocado a vossa confiança nele, porém, enquanto vos for possível, uma esperança digna da divina potência e benignidade. Quem de vós duvida que as Sagradas Escrituras nos dizem a causa e o porquê de os homens aflitos serem libertados dos males porque esperam em Deus? "Salvou-os porque esperaram nele", diz o profeta (Sl 36,42), e também "porque esperei em ti, Senhor, tu me escutarás" (Sl 37,16), e noutra parte: "Porque em mim esperou o libertarei". Quem não ouviu que "Deus é o escudo e a proteção de todos os que esperam nele"? (2Rs 22,31; Sl 17,31). Donde se percebe que ninguém que verdadeiramente espera é excluído: "não será rebaixado o que espera, quem confia será levantado no Senhor e cercado de misericórdia" (Eclo 32,28; Pr 29,25; Sl 31). Quem temerá que nos assaltem os males que nos cercaram, se com sua fé conseguirá que Deus o cerque com seu amparo? Além disso, não se podem ler sem uma grande comoção espiritual as palavras do capítulo segundo do Eclesiástico e o capítulo segundo do Livro dos Macabeus, onde somos convidados a passear o nosso olhar por todas as nações e gentes, e a compreender "que ninguém esperou no Senhor e foi confundido", pensar em todas as gerações passadas e ver "quantos nele esperam não desfalecem" (Eclo 2,11; 1Mc 2,61). O que podemos conhecer em todas as nações e gerações nossa experiência nos ensinará também, se comemorarmos quantos de nossos antepassados oprimidos por calamidades foram libertados porque certamente esperaram em Deus. Porém, se não padecemos males maiores ou iguais, é consequente que nossa fé deve ser muito maior do que a dos antepassados nossos; porque "não há diferença ante o olhar divino livrar de grandes ou menores males" (1Mc 3,19).

Por conseguinte, "cheguemos com confiança ao trono da graça"; invoquemos "o Senhor na tribulação" e nos escutará; salvar-nos-á de "águas abundantes" e da "angústia"; porque "Deus é poderoso para salvar de tudo e é rico em misericórdia" (Sl 117,5; 2Rs 22,19; Jó 36,15; Sb 14,4; Ef 2,4).

12. Pelo que, como nos anos passados me fiz presente a cada um para pedir orações, com tanto maior afinco o faço quanto maiores são as calamidades que oprimem e aumentam. E eu certamente suportaria com gosto que todos os anos de meu governo fossem de tribulação, contanto que os mesmos fossem para vós anos de orações e preces; seguro certamente de que Deus nunca nos mesquinhará a sua misericórdia, enquanto não nos mesquinhe o espírito de oração, segundo o que diz o Salmo: "Bendito seja Deus que não me separou de minha oração, nem sua misericórdia de mim" (Sl 65,20).

13. Três são os exercícios de piedade que resolvi apresentar-vos; mais ainda, mandar-vos: o primeiro é que cada um cada dia visite uma vez o Santíssimo Sacramento e aí, segundo a sua devoção e propósito, implore que Deus seja propício para com a Companhia. E se não se puder fazer em todas as partes e por todos numa hora determinada e com a presença de todos, nem por isso duvidarei de que seja omitido por algum duvidando de sua piedade, se não estiver justamente impedido. Pensem todos que a calamidade pública toca a cada um; vejam o que devem à Companhia pela qual foram nutridos na virtude, cuidem de que não seja que pela culpa de um a Companhia padeça mais tempo. O segundo exercício é que se digam as Ladainhas da Santíssima Virgem antes das Ladainhas dos Santos, que costumam e devem ser ditas. O terceiro exercício será que, antes das principais festas da Virgem assinaladas de Preceito, se faça um tríduo pelo menos de meia hora de oração por todos e por cada uma de nossas casas, diante da imagem ou relíquia da Virgem, na capela doméstica ou na pública, com as portas fechadas. Além disso, aqueles mais piedosos diante do nosso Deus, não contentes com estas

um tanto leves prescrições, acrescentarão eles mesmos mais orações voluntárias, penitências tomadas espontaneamente e outras obras de piedade. Implorai, implorai perante o Pai e o Filho seu Jesus Cristo e aos ajudadores e patrocinadores: em primeiro lugar a Beatíssima Virgem Maria, da qual nunca se ouviu que tenha sido abandonado quem quer que se acolheu ao seu patrocínio; depois aos Santos Anjos Custódios de nossa Companhia, aos santos José e João Nepomuceno, que a Companhia escolheu como especiais patronos, e aqueles que na vida a honraram com as suas virtudes, e agora desde o céu a protegem, para que multiplicados os intercessores Deus aumente em favor nosso a abundância de sua proteção.

14. Finalmente, desejaria advertir-vos diligentemente que promete o auxílio de sua proteção não a qualquer, mas às preces e clamores na tribulação dos justos; pois "os olhos do Senhor não se apartam dos honrados, seus ouvidos atendem os seus gritos de auxílio" (Sl 33,16). "Quando um clama, o Senhor o escuta e o livra de suas angústias" (Sl 33,18). "Clamaram os justos e o Senhor os escutou, e os tirou de todas as suas tribulações. Busquei com afã o Senhor e me ouviu e me tirou de todas as minhas tribulações" (ibid., 5). Recordai que têm fé os que temem a Deus, segundo o dito: "Os que temeis a Deus esperai nele. Endireita o teu caminho e espera nele"; "Confia no Senhor e faze o bem" (Sl 36,3). Por conseguinte, para que vossa confiança seja firme, para que vossas orações tenham força, fazei o bem, lutai por toda justiça, buscai a Deus e temei, principalmente com aquele temor filial, que aborrece toda ofensa de Deus, mesmo a mais leve; dirigi vossos caminhos segundo as santíssimas leis da observância regular; esforçai-vos por conseguir o fim que se propôs vosso Pai amantíssimo, que através das tribulações nossos costumes sejam sempre melhores, e se aumente o amor das virtudes.

15. Isso escrevi para levar-vos consolo do modo que podia, certamente não há outro mais certo nem mais sólido; e sanaria também a minha dor, que muito aumenta por causa da vossa. Assim, pois,

vou terminar; e usando aquelas palavras do apóstolo que brevemente concentram quanto mais profusamente expus, vos rogarei "que vos mantenhais no espírito fervorosos, sempre ao serviço do Senhor, que a esperança vos mantenha alegres; sede inteiros nas dificuldades e assíduos na oração" (Rm 12,13). Finalmente, rogo orando ao céu "que o Deus da esperança encha vossa fé de alegria e de paz" (Rm 15,13); e desejo intensamente que me encomendeis em vossos santos sacrifícios e orações.

Roma, 30 de novembro de 1761.
De todos, vosso servo em C.
Lorenzo Ricci

Carta do M. R. P. Lorenzo Ricci aos padres e irmãos da Companhia (13 de novembro de 1763)

Sobre a fervorosa perseverança nas orações durante as calamidades da mesma Companhia

1. Ainda que a constante acerbidade de nossas calamidades por si nos exorte a uma fervorosa perseverança nas orações, contudo, penso que é justo que vos refresque a memória; já porque a divina Providência manda que sejamos humildes intérpretes e indagadores de seus planos; já porque, talvez, a alguns estorve a tribulação pública mais levemente do que poderia ser, porque ou em nada ou certamente pouco os tira de suas comodidades privadas; já porque alguns outros não levantam os seus olhares para a mão invisível que permite a tribulação, atendendo unicamente aos golpes do flagelo. Também sucede que, apesar de que quanto mais dura mais se agrava o mal da tribulação, entretanto, a mesma duração do mal causa certo estupor, como se houvesse introduzido dureza nos ânimos. Isso acontece seja

porque o repetido não comove (*ab assuetis non fit passio*), seja porque facilmente o ânimo se acostuma a esses males e desespera que possam ter remédio.

2. Longe, porém, de nós, padres e irmãos caríssimos, tal dureza de coração: a qual como defraudaria ou frustraria os paternos planos de Deus, assim nos privaria do louvor e prêmio da paciência; também nos retrairia daqueles exercícios de piedade; pois bem, esses recursos piedosos, se forem usados incessante e fielmente, hão de valer por fim tanto perante a divina misericórdia como por eles mesmos nossa tristeza se converterá em gozo. Pelo que nunca, para usar o dito do apóstolo, nunca vos esqueçais das palavras de consolação com as quais Deus vos exorta como filhos queridíssimos, levando-vos à paciência: "Meu filho, não rejeites o castigo do Senhor, não te enfades por sua repreensão" (Pr 3,11). Nem está bem que a tribulação destrua ou diminua a equanimidade com a qual se toleraria a mesma tribulação; pois "é justo que um mortal se submeta a Deus e não queira medir-se com ele" (2Mc 9,12). Esta tribulação, assim como é de Deus, assim agrada a Deus; o que deve ser suficiente não só para que a tomemos com ânimo quieto e submisso, mas ainda nos deveria agradar, e assim coincidiria nossa vontade com a de Deus. Pois bem, o que podemos querer sábia e utilmente senão o que o mesmo Deus quer? E fora do que Deus quer, o que jamais pode aprazer a nós?

3. Porém, essa coincidência de nossa vontade com o que agrada ao Senhor está longe de terminar com as dores, mas antes essa presença se nota na vida espiritual principalmente. Porque, que grato obséquio ofereceria a Deus, quem com o costume perdesse todo sentido da dor? Nem o mesmo divino auxílio extingue esse sentimento das dores; dele é próprio que nos faça fortes e constantes pacientes na dor; do qual é muito próprio que tempere as aflições internas da alma, tempere-as com certa inefável suavidade, de tal maneira que o

apóstolo, pela abundância das ditas celestiais, exclame para alguma alma santa: "sinto-me cheio de ânimos, transbordo de alegria em meio a todos os meus sofrimentos" (2Cor 7,4).

4. Quanto ao resto, como a conformidade cristã com a vontade de Deus em nada diminui o acerbo das dores, assim tampouco deve em algo diminuir o fervor de nossas orações. Porque aquele que com certeza é o nosso verdadeiro mestre, Cristo, depois de ter anunciado esta fórmula de orar – "Faça-se a tua vontade assim na terra como no céu" –, imediatamente a uniu a esta outra: "O Pão de cada dia dá-nos hoje", para que aprendêssemos que também é preciso suplicar a ajuda de Deus Pai celestial para as coisas temporais.

5. Assim, pois, padres e irmãos caríssimos, se de Deus que fez o céu e a terra, esperamos um auxílio que de nenhuma outra parte pode chegar, a ele recorramos de novo. Os gemidos de nosso coração voem de novo ao trono da graça, e não haja preguiça em clamar a toda voz em orações: "Volta-te, Senhor, até quando? Tem compaixão dos teus servos" (Sl 89,13); não haja preguiça, repito, em justificar com um fervor mais intenso para que, se não o concede por nossos méritos, pelo menos algo conceda em sua costumeira benignidade; para que, por tão constantes rogos e suspiros de seus servos, se comova para ser ouvido e, enfim, vencido. Pelo que quero e imponho que durante o ano vindouro todos ofereçam os mesmos exercícios de piedade dos anos passados: rezem-se cada dia as Ladainhas da Santíssima Virgem Maria, faça-se um tríduo de orações antes das festas principais dela, e faça-se cada dia a visita ao Santíssimo Sacramento.

6. O uso dessas exercitações é muito fácil e oportuno para promover a piedade individual, mas também: suave. Para quem não é suave a invocação a Maria? Para quem não é suavíssima a presença de Jesus Cristo? Não há por que deva preocupar-me que alguém a passe por alto. Mas é conveniente recordar que as orações resultam tanto mais

aceitas por Deus, tanto mais poderosas para comover sua misericórdia, quanto mais santo e mais perfeito é alguém em suas ações: "Os justos clamaram" – diz o régio profeta – "e o Senhor os escutou, e os libertou de todas as suas tribulações", e nos Provérbios: "O Senhor ouvirá as orações dos justos" (Sl 33,18). "Quando alguém chama pelo Senhor, ele o escuta e livra de suas angústias" (Pr 15,29). Que dizer se nós mesmos somos imitadores ou ensinados pela opinião comum dos fiéis na reza de suas orações: nos dirigimos com mais confiança onde encontramos maior santidade de vida; e escolhemos como patronos nossos diante de Deus entre os homens que nos parecem mais gratos a Deus, deixados de lado aqueles que na família de Cristo são tão só um número e não são recomentáveis por nenhuma virtude.

9.[1] Portanto, veementissimamente desejo que vossas orações estejam adornadas e enriquecidas com este dom, a saber, com a santidade dos costumes, cujo dom, embora possa ser tido como algo externo à mesma oração, no entanto, a oração tira dele toda a sua força intrínseca; posto que é próprio da alma não tíbia, não remissa, mas piedosa e santa, unir a suas preces, a humildade, a confiança e a perseverança. Que se todos e cada um dos homens da Companhia forem fervorosos no serviço divino, se tantos companheiros como há cada um se sentir de modo exímio amigo de Deus, acaso há algum, vos pergunto, acaso algo alguma vez pode ser de tão grande preço, que todas as orações juntas de toda a universal Companhia não sejam capazes de obter? Quão veloz voaria a nossa oração ao trono de Deus e com que certeza de trazer daí os benefícios, se no tempo de fazer a oração diária ante o Santíssimo, ou recitar as ladainhas, a íntegra Ordem se reúne? Então, quase na mesma hora, derramariam suas preces homens que sinceramente aborrecem o que o mundo ama e abraça como delícias, estima de muito nome, honras, mas

---

[1] Nesta tradução preferimos manter a numeração tal como está na edição latina da qual a tomamos (cf. supra, p. 24: do n. 6 se passa para o n. 9).

também que admitem e desejam de verdade quanto Cristo amou e abraçou, como desprezo, pobreza e dores; homens cuja maior e mais intensa afeição seja buscar a maior abnegação em todas as coisas; homens que tenham reta intenção não só acerca do estado de sua vida, mas também acerca de todas as coisas particulares; homens que ao mínimo sinal do superior estejam dispostos a ir aonde chama a maior honra de Deus; homens, finalmente, que ardam naquele "fogo" que Cristo "veio trazer à terra" (Lc 12,40). Pois bem, se Deus atende aos rogos de um servo fiel, acaso pode ser, vós mesmos dizei-o, que Deus não escute os votos de tantos homens que religiosamente lhe suplicam?

10. Por isso, quando oramos deveríamos ser tais como pedem as regras que mais acima recordei, as mesmas que são o fundamento principal do nosso Instituto, as mesmas às quais é preciso dedicar-se com mais afeição. Mas tudo bem; nem a todos se há de propor e exigir a mesma perfeição, sei disso com certeza; mas também sei que se pode pedir muito a todos segundo a medida da graça que lhes foi comunicada; e, por certo, é riquíssima a divina graça comunicada a cada um; além disso, a todos foi imposto o mesmo Instituto de vida para que cada um aspire a um certo egrégio grau de perfeição. Sei com certeza, e com tristeza sei, que em toda numerosa família de religiosos, por um certo fado incombatível, e trazendo-o assim a fraca natureza dos homens, há alguns tíbios e remissos; sei que é "necessário", segundo o anúncio divino de Cristo, "que venham escândalos" (Mt 18,9); mas a esses homens tíbios, principalmente aqueles dos quais São Jerônimo diz que "por seu pecado fazem que o escândalo seja necessário", a esses convém trazer à memória e seriamente pensar estas palavras do mesmo Cristo: "Mas ai do homem por quem vem o escândalo" (Mt 18,7).

11. Porém, para precisar meu argumento, convirá que toque três classes de virtudes antes que outras; não porque me proponha a tratar amplamente delas, mas porque alguns pensamentos práticos

sugerem que são aptíssimas para conseguir o que pedimos; e talvez queira Deus que alguns cultivem mais perfeitamente essas virtudes, disposto depois a escutar nossas preces, se são cultivadas segundo a sua vontade.

12. Assim, pois, começarei pela humildade. Conheceis perfeitamente, padres e irmãos caríssimos, que Deus nos chamou e nos destinou a procurar e promover a sua glória na obra de seu servo Inácio. Então se, deixada de lado a glória de Deus, os nossos definissem e pensassem que nossos trabalhos tivessem como fim a honra privada de cada um, qual dos nossos de maneira tão vã se enganaria esperando que Deus paternalmente vigiará pela salvação de nossa Companhia, ou que o mesmo Inácio Fundador da Companhia suplicará solicitamente à Divina Majestade para que a sua obra se conserve? Então, certamente, a Companhia se converteria naquele "sal sem sabor que já não serve mais do que para ser jogado na rua e ser pisado pelas pessoas" (Mt 5,13).

13. Não nos engane a honra da Companhia. Certamente digna de ser cuidada diligentemente e com todo empenho promovida é a honra da Companhia. Mas somente com o fim e com a mira posta em que dela se siga o bem do próximo, e para que resulte uma força eficaz para ampliar a glória de Deus. A honra da Companhia deve ser cuidada com a pureza dos costumes; com incansável vontade da salvação das almas; mas não com vergonhosos encômios de nossos próprios méritos, não com maledicência; não com menos estima que os demais. Pois ademais é muito de temer que sob o louvável véu da estima comum se esconda um perverso afã de alguém em particular; não aconteça que o esplendor público nos agrade, se resulta do privado próprio como costuma suceder, e que se desestime muitas vezes a glória que por meio de outros resultou para a religião, da qual nada chegue a nós.

14. É muito fácil dizer: para maior glória de Deus; mas oxalá fosse tão fácil trabalhar pela glória de Deus, sem que também aquelas

palavras cheirem alguma vez a vanglória! Quem quiser trabalhar para esse fim, esse, longe de toda dúvida, há de desprezar as suas próprias comodidades; de tal maneira deve desdenhar a honra privada, que o homem olhando só a Deus plenamente se esqueça de si. Finalmente, nunca rogaremos a Deus com sincero coração que seu santo nome seja glorificado, a não ser que juntamente roguemos com Davi que nenhuma glória seja para nosso nome: "Não a nós, Senhor, não a nós; mas a teu nome dá glória".

15. A pobreza é aquela outra virtude que parece levar fidedignamente à consecução do fim de nossas orações. Esta frase sobre Cristo é insigne: "sendo rico se fez pobre" (2Cor 8,9). Mais ainda, fortaleceu seus planos de coisas celestiais com dois conselhos evangélicos de voluntária pobreza: "Bem-aventurados os pobres de espírito" (Mt 5,3). Segue-se que os discípulos de Cristo devem ser conhecidos pela pobreza como por uma nota própria; sendo, assim, que os apóstolos mesmos, seguidores de Cristo, com nenhum outro argumento confirmaram sua profissão, senão dizendo: "Eis que deixamos tudo e te seguimos" (Mt 19,27). Marcadas com esta mesma nota nossas preces penetrarão no céu, para que Santo Inácio as admita como de filhos e não de estranhos, as ofereça ao Nume supremo, se preocupe confiantemente em conseguir seu êxito e para que finalmente Cristo tome a tutela de sua Companhia decorada e aprovada por ele com os sinais genuínos.

16. É verdade que nós fizemos voto de imitar Cristo na pobreza; mas parece que ela deve ser circunscrita com limites mais estreitos; se não passa dos limites da privação de possuir coisa própria, e da sujeição aos superiores no uso das coisas, teme experimentar os efeitos da pobreza. Pois, se depois de beijar as chagas de Cristo Crucificado, se depois de derramar lágrimas de compaixão por seus padecimentos ao voltar frequentemente nossos olhos para ele, se compararmos a sua pobreza com a nossa, haverá, certamente haverá motivos para

que nossa cara caia de vergonha e se cubra de um justo rubor. E isso, certamente, experimentaram muitas santas almas muito mais parecidas que nós com a divina imagem.

17. Mas, pelo menos aos seguintes pontos, há de chegar nossa pobreza: que o jesuíta esteja contente com a vida habitual na Companhia, acomodada em seus bens aos pobres, como está prescrito pela regra; que, guardada em tudo a simplicidade religiosa, repudie constantemente as mundanas delícias do luxo secular; que aborreça toda singularidade, não apeteça nada fora do necessário; que todo o supérfluo e que está fora de nossos usos lance longe de si. A esse grau de perfeição, que não é nem muito alto nem demasiado árduo, todos deveriam subir. Será fácil para cada um esse ascenso, se devidamente excitarmos em nossos corações o seu amor, meditando detidamente na pobreza que Cristo abraçou, sem julgá-la sua desonra.

18. A terceira virtude é certamente a obediência: Santo Inácio quis que por ela a Companhia se distinguisse de todas as demais religiões, como com sinal próprio; não deveria atrever-me a falar dela, dado que o mesmo fundador da Companhia, em sua maravilhosa carta, explicou a sua natureza, distinguiu os seus graus, ensinou a praticá-la, simultaneamente demonstrou o modo de consegui-la, e nos proporcionou os argumentos mais fortes e seguros e as incitações que nos convidam a exercê-la com perfeição; pelo que me parecerá suficiente prevenir-vos de passagem para que não vos espatifeis (choqueis) contra algum erro em assunto certamente gravíssimo.

19. Adverte o Santo Pai que não está de maneira alguma proibido referir ao superior se sustenta doutrina contrária à sua; e nas constituições claramente anuncia a todos que é lícito prevenir os superiores se algo lhes causa dano, ou algo lhes é necessário com relação à comida, roupa, ocupação ou habitação. Pelo que toca a mim, reverendos padres e caríssimos irmãos, é lícito que gozeis de tão legítima, paterna e prudente indulgência; porém, vos rogo que na prática não

separeis de tal concessão as diversas cauções que a cercam. Pois certamente conheceis, como ensina o mesmo Inácio, o grande perigo de que o amor-próprio nos engane em qualquer manifestação do próprio juízo contra o ordenado pelo superior. Portanto, se há de suplicar ao dador e Pai das luzes, se é que convém representá-lo ao superior; mas que não seja a oração feita por cumprir nem ansiosa; ao contrário, deve ser tranquila e própria para ouvir e aceitar a voz de Deus; tampouco se tenha por aviso divino qualquer falsidade de nosso desejo. A equanimidade de ânimo, tão inculcada por nosso santo fundador, deve dar-se antes e depois de nossa exposição; deve-se ter essa conformidade de espírito não só para cumprir o mandado – para a execução –, mas também para conformar o nosso juízo. Nem certamente parecerá difícil essa indiferença de juízo aos que nas ordens do superior veem a vontade de Deus.

20. Para os que revolvem em seu interior alguns pensamentos contra o parecer da obediência, convirá que recordem outros documentos de Santo Inácio. Observe quantas vezes ele insiste em que não se há de fazer resistência, não contradizer, ainda mais não propalar a mínima diversidade de nosso juízo com o do superior; que não se esteja esperando o expresso mandato do superior, mas obedecer alegremente ante um levíssimo sinal do superior; não trabalhar para torcer a vontade do superior em conformidade com a nossa; ao contrário, deixar a ele a livre disposição nossa e de nossas coisas; conformar nossas vontades com o que ele quer, onde não houver pecado, o que sempre se entende; e quando forem mandadas coisas difíceis e segundo nossa sensualidade repugnantes, há de se obedecer fortemente, com a humildade devida, sem escusação nem murmuração alguma.

21. Tenha-se também presente aquela comparação com o bastão de homem velho e do cadáver, que é apta para descrever a docilidade do religioso verdadeiramente obediente; venham à nossa prontidão

e admiração os relatos daqueles exemplos de antigos cenobitas, nos quais se contava essa vontade e empenho em obedecer para realizar não só coisas inúteis, mas também impossíveis.

22. Finalmente, quando ocorrer querer opor-se ao juízo dos superiores, por favor, apresentai a vossas mentes e memória aquelas tão suaves como eficazes razões, com as quais Santo Inácio exorta e ajuda a nós para obedecer perfeitamente. Envergonhem-se, diz ele, os religiosos, envergonhem-se os varões de obedecer por algum humano respeito; mande Deus longe de vós tão fútil e tão vil motivo de agir; seja o amor de Deus a causa única de obedecer; pela obediência devolvereis a Deus a liberdade que ele vos deu; aperfeiçoa-se se não perde o que foi objeto da generosidade divina. Com mais verdade, professamos e exibimos a nossa obediência a Deus do que ao homem, sendo assim, o homem não é outra coisa senão servo de Deus, e, como instrumento, vivo pelo que se conhece a vontade de Deus. Essa mesma virtude o Espírito Santo proclamou distintamente nas sagradas letras, e Deus a aprovou com milagres algumas vezes; essa obediência exercitaram quantos santos houve e Nosso Senhor Jesus Cristo a abraçou para nosso bem com exemplos admiráveis. A obediência semeará no coração todas as demais virtudes e vos unirá a todos com um mútuo e suave vínculo. Dará à alma tranquilidade e grande alegria, que desconhecem nem podem experimentar os indóceis. Esse estado de ânimo nivelará o caminho de toda virtude até os mais altos progressos no serviço divino; essa obediência vos aproximará do verdadeiro conhecimento de Deus, do verdadeiro amor; tais dons vos governarão e regerão na peregrinação desta vida, e vos conduzirão ao felicíssimo fim, certamente à beatitude sempiterna.

23. Neste ponto, fora de dúvida, padres e irmãos caríssimos, reconheceis não só os pensamentos, mas também as mesmas palavras de vosso Pai queridíssimo: a nosso Pai Inácio me refiro, cuja única preocupação, enquanto viveu, foi conduzir, pela senda mais reta, cada um de vós a um alto grau de glória no céu. E, desde o mesmo trono

que já ocupa com celeste esplendor, vos roga e suplica com muita instância, como antes na terra, que vos dediqueis com todas as vossas forças em lograr essa virtude e que vos mostreis perfeitíssimos nela. Não queirais afastar de vossos cuidados sua tão doce exortação, nem tampouco da memória; mas, quando ocorrer alguma repugnância aos mandatos do superior, então principalmente as percorrei com os vossos olhos; ela, a obediência, é lícito afirmá-lo, vos manterá bem defendidos contra o erro do juízo próprio.

24. Acompanhem essas virtudes especialmente nossas orações, porém convém, ademais, fomentar as outras virtudes como companheiras naturais, e para si dizê-lo, imediatamente diante do trono de Deus; certamente, se não as unimos com as nossas orações, sucederá como se nos opuséssemos, segundo Jeremias, uma densíssima nuvem, pela qual as nossas preces serão interceptadas entre Deus e nós, depois rechaçadas; "puseste diante de ti uma nuvem para que a oração não passasse" (Lm 3,44). Pelo contrário, nossas preces estivadas e sustentadas pelas virtudes de todos nós, nossa atitude, segundo testemunho de São Tiago, será tal que "vale muito se for assídua" (5,10), será a imploração daqueles "justos de quem Deus foi a salvação", como diz no Salmo o Espírito Santo (Sl 36,39); deles Deus é "protetor em tempo de tribulação"; não retira deles seu olhar, "custodia suas sendas" (Pr 2,20), "bendiz as casas", dirige os "caminhos" (Pr 3,33) e robustece a fraqueza. Padres e irmãos caríssimos, assim preparados, orai, e orai mais que para afastar a tribulação, para conseguir para mim e os demais companheiros aquelas mesmas virtudes. E sempre estaríamos contentes com o que nos acontecer, se pudéssemos dar com o apóstolo este testemunho: "quer vivamos, quer morramos, somos do Senhor" (Rm 14,8). Em vossos SS.SS. e OO. me encomendo.

Roma, 13 de novembro de 1763
RR.PP. e II. caríssimos. Vosso servo no Senhor.
Lorenzo Ricci

Carta do M.R.P. Lorenzo Ricci aos padres e irmãos da Companhia (16 de janeiro de 1765)

Sobre a confirmação de nosso Instituto por S.S. Clemente XIII

1. Envio a Vossa Reverência um exemplar da mui recente Constituição apostólica, pela qual nosso Santíssimo padre Clemente XIII, afirmando os direitos divinos da Santa Sé Romana, de novo aprova e confirma o Instituto de nossa Companhia, compadecido de nossas calamidades, segundo a sua exímia piedade para com os aflitos. E o que mais oportuno pôde ser desejado para nossa tranquilidade nestes tempos iníquos, que o fato de que o vigário de Cristo na terra – quem a ele ouve, a Deus ouve – dignou-se levantar a sua voz para confortar-nos e excitar-nos a defender e amar nosso modo de vida? Agora cabe a nós que tiremos todo o fruto que pudermos desse singular benefício de Deus. E em primeiro lugar, abramos os nossos corações diante de Deus, dando graças ao Deus das misericórdias e Pai de toda consolação, que nos consola em toda tribulação nossa. Pelo contrário, procurem todos não deitar a perder esse benefício divino com alguma arrogância; mas, em público, demonstrem alegria com modéstia e temperada com a sobriedade e humildade devidas.

2. Lembrem-se logo todos do quanto convém que os que professam o Instituto sejam congruentes com ele: como atesta o vigário de Cristo na terra, o fim a que o Instituto visa é piedoso e santo, e piedosos e santos são os meios que propõe para seu cumprimento. Que se dirijam a esse fim todos os nossos pensamentos e determinações, e não pensemos que se há de desprezar algum dos meios que estão contidos em nossas Constituições; donde se seguirá que nosso proceder e nossas ações e a vida toda se modelem com piedade e santidade.

3. Corresponde, ademais, que o maior obséquio nosso à Santa Sé Apostólica Romana seja uma obediência bem-disposta e um excelente afeto; a autoridade que foi conferida a ele, pelo mesmo Cristo,

e o peculiar modo de nosso Instituto assim o requerem; finalmente, assim o pedem os muitos e singulares benefícios que nos vieram da Santa Sé. Certamente, se todos os nossos tirarem esses frutos desse presente celestial, o que desejo vivamente, se tornarão dignos de mais larguezas da divina misericórdia.

4. Finalmente, tendo o Sumo Pontífice Clemente XIII dado, além de outros muitos, esse solene testemunho de sua paterna piedade e benignidade, é oportuno que nós acompanhemos esse benefício com uma ampla significação e gratidão. Assim, pois, comunique Vossa Reverência todos esses sentimentos meus a toda a Província, e ordenará que cada sacerdote diga seis missas e os irmãos outras tantas coroas pelo Sumo Pontífice, para que Deus, por longo tempo, conserve incólume o Pastor e o melhor padre de toda a Igreja; que lhe conceda toda prosperidade e acompanhe com o auxílio celestial todas as suas santas determinações. E, quanto a mim, encomendem-me em SS.SS. e orações.

Roma, 16 de janeiro de 1765. De V.R. servo em Cristo
Lorenzo Ricci

Carta do R.P.N. Lorenzo Ricci aos provinciais da Companhia (17 de junho de 1769)

De como se há de prestar-se mais fervorosamente à oração, dados os gravíssimos perigos da Companhia

1. Nos anos anteriores, quando éramos oprimidos por gravíssimas calamidades de todos os lados, não perdi as forças para cumprir com o meu cargo; embora, angustiado pela dor, necessitasse mais que todos de alguém que me consolasse nas amarguras de minha alma e levantasse o meu ânimo para suportar com fortaleza tantas

adversidades; não me cansei de vos exortar à paciência com quantas razões pude e a esperar a ajuda de Deus nosso Senhor nas tribulações, por Jesus Cristo e sua Santíssima Mãe, a quem constituí como principais advogados diante de Deus para "importunar (interpelar) por nós" (Hb 7,25). Mas nem minha solicitude nem vossas orações se viram privadas totalmente do fruto desejado: a constância de ânimo e a fortaleza inquebrantáveis ante as dificuldades, sem debilitar-se pelos infortúnios, as quais nossos irmãos, expatriados, lançados por mar e terra, suportaram, com grande admiração de todos, tantas e tão grandes desventuras não só pacientemente, mas também gozosos e com rosto alegre, como no tempo dos apóstolos. Eles são uma demonstração das ideias e dos princípios em que se afirmavam e pelas quais eram regidos; demonstração também de que Deus esteve presente de um modo particular para fortalecê-los nas virtudes. Contudo, ainda não agradou a Deus tirar-nos de nossas tribulações, ou porque não estamos totalmente livres daquelas culpas às quais com coração sincero deveríamos chamar de causa de nossos males, ou, porque satisfeito com nossa virtude, adiou nosso consolo para tempos mais oportunos.

2. Mas, qualquer que tenha sido a causa e o porquê de Deus não ter ouvido totalmente nossos votos, não deve ser investigado demais; isso seria feito sem proveito; "é preciso sofrer suas dilações" com equanimidade; e se há de esperar o tempo de sua compaixão com paciência e esperança. Com paciência, esperaremos se pensarmos que tudo o que sucede de adverso sucede pela vontade justíssima e por determinação de Deus, quer dizer, de um Pai amantíssimo que tudo dirige para nosso bem e glória sua. E em esperança, se sabemos que um Pai amantíssimo não costuma rechaçar e abandonar os seus filhos que nele esperam. Confiando nessa esperança, não cessemos de clamar ao Senhor; ele a seu tempo escutará as nossas orações, se permanecermos constantes em jejuns e súplicas. Isso se há de realizar com mais fervor porque às passadas calamidades tão duras pela

permanência e longo tempo agora se apresentam outras novas, e estão para chegar perigos mais graves; porque não está a padecer uma ou outra parte da Companhia, mas, como é bem sabido, a Companhia inteira é acometida com violência. Suba, pois, a nossa oração "como incenso na presença do Senhor" (Sl 140,2): quero dizer de um coração constrangido pela dor e aceso pelo fogo do amor, para que nossas preces sejam segundo a magnitude do perigo e segundo é o amor à Mãe de todos os que se encontram em grave perigo.

3. E como todos os atos de piedade antes encomendados, nos quais se há de insistir até que o Senhor se compadeça, consistem em obséquios oferecidos em determinados tempos à Bem-aventurada Virgem e ao Santíssimo Coração de Jesus, desejaria que, ao oferecê-los, o façais com todo o esforço da alma e com a segurança e fé de obter o pedido. O perigo mesmo excitará o esforço; a segurança e fé aumentarão invocando a Santíssima Virgem, se pensarmos que é Mãe de Deus e Mãe nossa. Sendo Mãe de Deus, tem muita valia para implorar com segurança a seu Filho; sendo Mãe nossa, ficará tocada e comovida em grande maneira por nossas calamidades. Mas, quando nos dirigimos a Cristo ou na visita diária ao Santíssimo, ou na festa do Coração Sacratíssimo de Jesus, gostaria de que vos lembrásseis daquelas palavras que disse quando ainda vivia neste mundo: "Aproximai-vos de mim vós todos que estais cansados e sobrecarregados que eu vos aliviarei" (Mt 11,28). Com tais palavras, como mostrando o seu coração aberto a todos os cansados e fatigados com a carga, suavissimamente os atraía para que corressem a ele como a casa de refúgio e ajuda nos desalentos. Ponhamos diante dele as suas promessas e juntamente as calamidades que nos angustiam; com isso não deixará de comover-se, sendo ele benevolamente rico em misericórdia; mas, se alguma vez faz ouvidos surdos ao receber as nossas preces, como se dormitasse, isso sucede para que a nossa fé deva exercitar-se, então, não percamos o ânimo, mas clamemos mais forte, usando com toda confiança as palavras do Salmo: "Levanta-te,

por que dormes, Senhor: levanta-te e ajuda-nos"; ou aquelas outras palavras dos apóstolos, quando estavam para perecer no mar numa tempestade levantada de repente: "Salva-nos, que perecemos" (Mt 8,25-26). Diante desses chamados, Jesus, que estava dormindo na barca, "increpou" o vento e a tempestade do mar; a tempestade cessou e "se fez uma grande tranquilidade". E se deve atender a que o demasiado temor não enfraqueça ou faça sucumbir a nossa fé e sejamos dignos de ser increpados como os apóstolos: "Por que estais tímidos, homens de pouca fé?". Pois nada destrói a força de nossas preces como a nossa pouca fé; como nuvem se interpõe para que não suba a nossa oração.

4. Desejaria que se acrescentasse algo mais aos exercícios de piedade já estabelecidos para fazê-los doravante com todo o esforço da alma; a saber, que todos vão orar durante meia hora nos dias da novena de nosso Santo Pai Inácio. Em cujo momento, todos prostrados aos pés do ótimo Pai, com íntima oração peçamos com instância que, diante de Deus, cuide de nós com seu auxílio como a filhos seus a Companhia que fundou, a fim de que lutemos as batalhas do Senhor e propaguemos sua maior glória. Mas, para que nossas preces tenham a sua força, acrescentemos a elas os exercícios de virtude e mortificação, segundo a devoção de cada um e parecer do superior. Mas, para excitar de grande maneira a devoção, gostaria de que durante essa novena cada um aplicasse todas as suas forças e estudasse com sincero coração como emendar a sua vida segundo o plano, exemplos, documentos que ele nos deixou, para que dessa maneira o Santo Pai se encontre e se reconheça a si mesmo expressado na imitação. Uma tal reforma também seria útil como uma defesa, calada, mas nem por isso menos convincente, que possamos empregar. Nestes tempos, mais que em nenhum outro, nos temos convertido em "espetáculo para o mundo, anjos e homens" (1Cor 4,9). Todos têm os seus olhos postos em nós, todos nos analisam com cuidado; os amigos, de um lado, para tirar um fortíssimo argumento de defesa

de nossa vida dirigida pela norma das regras; do outro lado, os adversários, para encontrar o que repreender em nós e em que fundamentar. Pelo que, com muitíssimo afeto, a todos rogo insistentemente, usando as palavras do apóstolo, *ut operam detis, ut honeste ambulemos ad eos qui foris sunt.* Não fiquemos contentes com uma classe de virtude inferior que nos torne aceitos a Deus, mas, antes, procuremos que brilhe claramente diante dos homens; tanto que, aqueles que nos miram com olho censor, segundo – ai! – fazem em demasia, vejam que falamos e agimos e usamos tal modéstia e moderação no agir e tratar, revestidos de Cristo, segundo o dito do apóstolo, que fiquem obrigados a reverenciar nossas obras os mesmos que são mais distantes de nós e de sentimento inimigos "que o que é contrário te respeite, não tendo nada de mal a dizer de nós". Encomendo estas coisas a todos com a força que posso e as espero de todos, por aquela terna caridade que têm à Companhia, a qual deseja ser defendida mais por nossa santidade do que com palavras. Faça-o conhecer por todas as casas de sua província, e muito especialmente me encomendo nas orações de Vossa Reverência.

Roma, 17 de junho de 1769. De V.R. Servo em Cristo.
Lorenzo Ricci

Carta do M.R.P. Lorenzo Ricci aos provinciais da Companhia (22 de fevereiro de 1773)

Sobre um novo chamado às orações
no sumo risco da Companhia

1. Aconselha o santo profeta Davi que tenhamos constantemente voltados para Deus os nossos olhos, até que ele, movido de compaixão, venha em nosso auxílio: "assim estão nossos olhos fitos no

Senhor, Deus nosso, esperando a sua misericórdia" (Sl 122,2). Confio, padres e irmãos caríssimos, no Senhor que perseverareis confiantemente com orações, segundo é vosso amor para com a Companhia faz já tanto tempo aflita, como já em outras oportunidades pedi. Mas, ainda que o amor vosso para com a Companhia não necessite de estímulos para oferecer de novo ao Senhor rogativas, minha dor exige que eu, com um novo impulso, incite ao mesmo.

2. Vejo com confusão que o Senhor ainda não se dignou de estender a sua mão para nos levantar. Certamente nos deu muitíssimos argumentos de sua misericórdia para conosco; e nós experimentamos de mil maneiras a sua presença e quase milagroso patrocínio; contudo, deu livre curso às nossas calamidades. Adoro seus juízos sempre justos; atribuímos as causas das calamidades às nossas culpas e muito especialmente às minhas, e ao Senhor digo em confissão sincera: "Pecamos... tudo o que nos fizeste, Senhor, com reto juízo o fizeste" (Dn 3,29). E, no entanto, o quê? Acaso nosso Deus, cuja natureza é bondade, se esquecerá de usar de sua misericórdia? Porventura Deus se esquecerá de sua piedade? Nós temos, antes, experimentado que ele costuma, mesmo quando está irado, lembrar-se de sua exímia misericórdia. Sabemos que os atos de sua misericórdia são mais abundantes que os da justiça e que dos outros atributos. Pelo que a ele rogo, e vós juntamente comigo rogai, que se lembre de nossa fragilidade e fraqueza, para que se incline à misericórdia e comiseração; que, se sua justiça quisesse olhar nossos pecados, suplicai-lhe que os olhe em seu Filho Jesus, que tomou todos os pecados sobre si e que satisfez por eles com tal exuberância; suplicai que tenhamos o dom daquele contrito coração e humilhado que ele nunca despreza nem costuma afastar de si. Assim, pois, nossos pecados não devem impedir que confiemos plenamente que Deus dará a glória a seu Santo Nome agindo segundo é sua misericórdia. Muito menos devem desestabilizar nossa confiança estes tempos que nos aterram; e mais, se compreendemos bem os assuntos, nossa confiança se deve fortalecer.

Completamente sós estamos e faltos de toda estima humana; por conseguinte, Deus reservou a ele só dirigir nosso cuidado, e quer que em ninguém que não lhe seja agradável, ponhamos esperança de auxílio. Desse modo nos trata amantissimamente; ensina-nos quão pouco se há de confiar nos homens, nem permite que ponhamos parte de nossa esperança em outros, e que nossas ações de graça não se dirijam a ninguém, senão a ele. Por esse mesmo motivo, porém, o triunfo de sua misericórdia será maior, bem como será mais claro e visível. E nós, o que temeremos, se Deus mesmo é nosso escudo e nossa proteção? Mais ainda, para nós se converterá em lucro ser abandonados pelos homens; como queira que Deus ateste que quer ser pai dos órfãos e proteção dos abandonados. Com semelhantes afetos de humildade e confiança, mas veementes e sinceros, implorando auxílio e misericórdia, levantemos os nossos braços e olhos ao céu, onde habita aquele Senhor que se gloria de ser chamado ajudador oportuno nas tribulações.

3. A oração deve, além disso, ser fervorosa. O santo profeta Davi, em seus salmos, nos quais se encontra como uma disciplina prática para orar, muitíssimas vezes repete que ele suplica com instância ao Senhor do mais profundo de suas tribulações, e isso não em voz baixa, mas em voz alta e com clamores: "Das profundezas clamei a ti, Senhor: estando atribulado clamei ao Senhor" (Sl 119,1); do mesmo modo, em outros lugares se serve dessa maneira de falar. Tais vociferações e clamores significam o fervoroso esforço com que se deve orar; o qual deve ser tão grande quão grande é a tribulação que se passa e quão grande e quão veemente a ânsia da libertação. Não há por que me deter em vos expressar quais e quão grandes são as aflições que a Companhia padece; todos sabem que os danos presentes são enormes, e enorme o temor dos futuros. Desejais que ela seja libertada dos males tão veementemente como grande é o amor que lhe tendes. E com razão: ela vos ensinou o caminho da salvação; não pode haver benefício maior que esse e que mais possa interessar-vos.

4. Além do mais, nossos rogos devem ser feitos em nome de Jesus Cristo; e assim por certo devem ser para que tenham a eficácia para aproximar-nos do coração do divino Pai, segundo aquilo que Jesus asseverou: "Se algo pedirdes ao Pai em meu nome, vo-lo dará" (Jo 16,23). Contudo, quem pode duvidar de que essas orações são feitas em nome de Jesus? Pedir em nome de Jesus, como explica Santo Agostinho, é pedir o que convém e conduz à salvação eterna. E nós, que outra coisa pedimos quando levantamos os nossos corações a Deus pela conservação da Companhia e por nossa perseverança na mesma? Rogamos ao Senhor que nos permita perseverar nesta vocação, pela qual fomos destinados a este Instituto piedoso, santo e louvável, em grande maneira frutuoso, e sumamente apto para promover a glória de Deus e salvação das almas; dessa maneira o designou a Igreja e também os vigários de Cristo; pedimos que nos obtenha cumprir fielmente o que prometemos a Deus, quando lhe dirigimos os nossos votos; pedimos conformar nossas ideias com as leis, que nos prescreveu nosso santíssimo pai, ardendo em grande ardor pela salvação das almas; para isso foi ilustrado por uma luz divina; refiro-me às leis tiradas da divina sabedoria e escritas à luz do santo Evangelho, como fica claro aos que a consideram atentamente; pedimos com nossas súplicas seguir a pisada dos muitos santos canonizados e de tantos homens de exímia santidade; esses santos, sem dúvida, graças à observância das regras, acumularam uma multidão de méritos e mereceram singular glória e felicidade no céu. A quão grande esperança devemos ter acesso com a consideração de que nossas súplicas estão feitas verdadeira e propriamente em nome de Jesus e tendo presente que com as orações feitas em seu nome não podem deixar de conseguir o pedido?

5. Porém, além das recordadas condições intrínsecas da oração, outras extrínsecas valem muitíssimo para fortalecê-la e para aumentar a sua eficácia. Quanta força adquirem nossos rogos, quando são acompanhados da inocência de uma vida santa e de atos de santas

virtudes? Mais benignamente são recebidas e mais facilmente obtêm o pedido as postulações feitas aos príncipes por homens que lhes são gratos; também obtêm grandíssimos benefícios as orações das almas inocentes e santas perante Deus, e tanto que algumas vezes se alteram as leis da natureza e se fazem milagres por sua intercessão. Pelo que, quanto mais avançarmos na amizade com Deus, tanto maior eficácia e valor lograremos com nossas orações; com muito mais gosto, os anjos as levarão perante o trono de Deus; e os santos que invocarmos e cujo auxílio temos alcançado, com maior atenção juntarão as suas forças com nossas preces, principalmente Santo Inácio e tantos outros varões da Companhia que vivem no céu; eles agora amam mais o Instituto que os conduziu à glória e com uma solicitude muito maior cuidarão de uma resposta favorável aos pedidos dos que mais fielmente cumprem com o Instituto.

6. Vivificai, pois, padres e irmãos caríssimos, vossas orações, fazendo diligentemente todo ato de piedade com mútua caridade entre vós mesmos, com obediência e respeito, a quem tendes no lugar de Deus, com resistência nos trabalhos, pesares, pobreza, ultrajes, solidão e separação, com prudência e evangélica simplicidade no obrar, com o bom exemplo em obras e pias conversações. Pedimos a Deus a conservação da Companhia assim delineada. Se sucedesse que ela fosse despojada desse espírito – o que Deus não permita –, em verdade que nada importaria que deixasse de existir; porque resultaria inútil para o fim para o qual foi fundada. Os que se dedicarem a extingui-lo em outros, introduzindo o espírito contrário de faltas de observância, discórdia, ousadia, rebeldia, trariam a ruína segura da Companhia, com o máximo prejuízo para a glória de Deus, salvação própria e dos próximos. Porém, livre Deus de que um só desses subsista entre vós.

7. Vede aqui, padres e irmãos caríssimos, meu rogo e a causa única que me moveu a escrever-vos esta carta. Peço a vós orações em nome de toda a religião, em favor da mesma religião peço e, finalmente, por

vós mesmos; pelo bem queridíssimo por vós, pelo bem que vos interessa maximamente, mais do que por ele, por nenhum outro deveis inquietar-vos. Não me proponho a ordenar mais orações; contudo, encarrego que se continuem as que em outras oportunidades assinalei, de um modo especial, a diária visita ao Santíssimo Sacramento, que desejaria que se perpetuasse na Companhia. Deixo ao arbítrio de cada um as orações extraordinárias que pedem as calamidades destes tempos, e o amor com que cada um abraça a Companhia. Também poderão ser ordenadas para determinado tempo pelos superiores. Só resta que encomendeis em vossos sacrifícios e orações.

Roma, 22 de fevereiro de 1773. RR.VV. servo em Cristo.
Lorenzo Ricci

Carta do M.R.P. Jan Roothaan aos padres e irmãos da Companhia (24 de julho de 1831)

Sobre as tribulações e perseguições

1. Embora não haja por que duvidar, RR.PP. e II. caríssimos, que todos quantos gozam de ser filhos da Companhia e de Santo Inácio estejam com têmpera e preparação para não somente cumprir com alegria os deveres de sua vocação e tomar qualquer outro trabalho nela, mas também para tolerar com inteireza o adverso, e ainda desejá-lo por inspiração da divina graça e recebê-lo com gozo; no entanto, parece-me que os tempos em que vivemos pedem que segure os muito animados, reanime aos um tanto fracos e, finalmente, que não omita consolar a todos com a palavra do Senhor, segundo minha capacidade. Pois esse Santo Pai nosso compreendeu por luz divina, desde os mesmos começos da Companhia, quando o Senhor, tal qual estava na cruz, lhe prometeu que seria propício a ele e a seus companheiros, e o que sabemos que o mesmo pai nosso depois pediu e solicitou com afinco é que a Companhia não carecesse

de tribulações: esta família não somente conseguiu antes isto e não pouco, mas que certamente o experimenta abundantemente nestes tempos nossos. Certamente não sei se antes, alguma vez, ao mesmo tempo e em tantos lugares juntamente, se tenha levantado contra ela e seu nome tão universal inveja e ódio de gente malévola; ao qual se acrescenta abundância de calúnias, afrontas, maus-tratos, despojos, desterros que para os homens são um mal, mas diante de Deus um bem, regalo de Deus. Pois tantos dos nossos, como não ignorais, experimentaram muito disso em vários lugares e no espaço de um ano, e é lícito duvidar da perspectiva do fim, ou se mais coisas semelhantes se preparam para os nossos. Assim, pois, me determinei a fazer por meio de uma carta o que não me é possível em vossa presença e a viva voz: exortar-vos, do melhor modo que posso, a sentir o que pedem os tempos e é digno de nosso nome e vocação.

2. E, em primeiro lugar, tudo isso é por certo digno da maior congratulação, nem vejo que outra coisa nos pode induzir a abraçar mais estreitamente a nossa vocação com sumo afeto e dar graças à Divina Majestade com a seguinte consideração: que a suma bondade nos tenha conduzido, talvez sem sabermos nós o que nos acontecia, a uma Companhia que mereceu ter tanta parte nessa gloriosa sorte, que o Senhor se dignou distingui-la com o nome de felicidade: "Felizes vos quando vos insultarem, vos perseguirem e vos caluniarem de qualquer modo por minha causa" (Mt 5,11) e de novo: "Felizes vós quando vos odiarem os homens e vos expulsarem e vos insultarem e propalarem má fama de vós por causa do Filho do Homem" (Lc 6,22). Padres reverendos e irmãos caríssimos, não sem grande consolo vemos que aquelas palavras do Senhor se cumprem em nossa família. Porque verdadeiramente nos maldizem e nos perseguem, e o que é como um compêndio de todos os vexames e juntamente riquíssima fonte, propalam má fama de nós, e por certo o dizem mentindo. Deus e nossa consciência são testemunhas de que não professamos uma vida dedicada aos crimes que não cessam de acumular contra

nós, com os quais vão divulgando e a muitos ignorantes persuadindo de que não somos homens, mas monstros prodigiosos de homens, ruína e peste da sociedade.

Verdadeiramente também nos segregam e nos põem fora de direito e de justiça, como a quem se deve negar a liberdade e a tutela das leis, que eles se ufanam em proclamar em favor do resto da humanidade, como se nos tivessem por facinorosos, abertamente convictos e condenados sem exame de causa; repelem o nosso nome como ímprobo e não por outra causa senão pela do Filho do Homem que se dignou chamar-nos à sua participação; a este santíssimo nome declaram guerra e odeiam; isto demonstram por suas palavras e modo de obrar porque unem o nosso nome já com os que seguem a piedade e a fé; demonstram isso porque nos perseguem abertamente com o mesmo ódio com que perseguem o vigário de Cristo Jesus, sua santa Igreja e a quanto de santo, puro e cristâmente piedoso existe, sendo perversos aborrecedores de toda a Igreja.

3. Por conseguinte, o fato de assim nos suceder com o mundo que tanto odiou antes a Cristo e de sermos chamados a tão nobre parte de afrontas da cruz de Cristo, é razão para que nos gloriemos, padres e irmãos caríssimos, e confesso de verdade que não posso pensar nisso sem certa confusão íntima em minha alma. E quem sou eu, Senhor, que me tenhas querido fazer partícipe dessa tão grande glória? E de onde a mim que te tenhas dignado contar na sorte de caríssimos e fidelíssimos servos teus? Certamente o apóstolo pondera esse benefício com estas palavras: "Porque a vós foi concedido o privilégio de estar ao lado de Cristo não só crendo nele, mas sofrendo por ele" (Fl 1,29). E Pedro exorta aos que sofrem vexames pelo nome de Cristo: "Se escarnecerem de vós por ser cristãos, felizes vós; isso indica que o Espírito de Deus repousa em vós" (1Pd 4,14-16). Quem atentamente e com muito cuidado analisasse a força destas palavras, sentiria que nem no céu se poderia encontrar algo mais grandioso, se excepcionas unicamente o prazer do gozo puríssimo. Ainda que

nem disso tampouco quis o Senhor que carecessem os seus atletas, ao menos "em esperança gozando" (Rm 12,12), pois diz: "Felizes vós quando vos insultarem... ficai alegres e contentes porque Deus vos dará uma grande recompensa" (Mt 5,12). Mais ainda, concede gozar a alguns, mais fervorosos, das alegrias já preparadas e gozos presentes nos mesmos tormentos da cruz, como dizia aquele: "Sinto-me cheio de ânimos, transbordo de alegria no meio de todas as minhas penalidades" (2Cor 7,4).

4. Assim, pois, seja este nosso primeiro pensamento, RR.PP. e II. em Cristo caríssimos, digno de um companheiro de Jesus, pensamento digno de um filho de Loyola, conforme o dito de São Tiago: "Tende-vos por muito ditosos, irmãos meus, quando vos virdes assediados por provas de todo gênero" (1,2). Muito longe esteja que algum de nós estime menos o grande benefício da vocação à Companhia, porque a veja como o sinal de contradição, que por isso mesmo a admiremos mais e aprendamos a julgar tanto mais preclaro e conservar com mais cuidado um tão precioso dom de Deus. Por certo que se há de deplorar com amargas lágrimas o infortúnio de alguns poucos que lamentamos arrancados de nossas fileiras pela tempestade, seja porque "temeram o vento forte" (Mt 14,30) ou porque insuficientemente apoiados em Deus não estiveram bem "arraigados em caridade" (Ef 3,17). Mas que esteja longe de cada um de nós a desonra de ofender criminalmente nossa glória, como com razão diria São Bernardo: "Julgo vida digna fazer tudo bem, padecer muito e assim perseverar até o fim".

5. Mas essa inconstância e triste ruína de alguns poucos que recentemente recordei me sugere outro pensamento, o que veementemente gostaria de excitar em vós por ocasião dos vexames que sofremos. E é que unamos uma verdadeira e profunda humildade com um espírito alegre e exaltado pelo bem da causa. Pois certamente nada pode haver de mais glorioso que a causa de nossa vocação, ou, o que é o mesmo, a causa da virtude, da religião e dos padecimentos

por Cristo; contudo, podemos e devemos pensar que, enquanto o mundo nos aborrece com o mesmo ódio com que perseguiria a Deus mesmo, pode suceder que Deus tenha dado poder ao mundo para vingar nossas culpas, digo, não de todos, mas pelo menos de alguns; culpas talvez que, se diante dos homens não são tão graves, são sim diante dos olhos de Deus puríssimas e mais penetrantes que o sol; por isso mereceríamos padecer tudo o que sofremos e mais também. Pois, padres e irmãos caríssimos, acaso tanto nos podemos lisonjear e contentar-nos conosco mesmos que cheguemos a nos persuadir de que somos tal qual nossa vocação nos pede? Haverá alguém entre nós que pareça facilmente satisfeito consigo mesmo em certa mediocridade de virtude, o qual, como dizia nosso Santo Pai, sofria não pouca bondade e de pouca estima na vida comum dos homens, mas entre nós devia ser tida por pouco ou nada? E se isso se compara com o que requerem de nós o Instituto, as regras, nossa senha *Ad maiorem Dei Gloriam*, a nobre "Companhia de Jesus" que nos distingue e, finalmente, os insignes benefícios que Deus nos deu? Quão grande deveria ser, pergunto, em todos nós a retidão e sinceridade de intenção? Quanta a nossa familiaridade e união com Deus na oração e no trabalho? Quanta a desestima de cada um de nós quanto ao nome, fama e toda aparência de mundanismo? Quanto o desprezo das próprias comodidades? Quão grande o desejo e a tolerância dos sofrimentos por Cristo? Quanta a prontidão e a perfeição da obediência? Quanta a pureza em angélica vida apostólica e a ausência de culpas leves? Quanta a concórdia e a união de caridade entre nós? Quão grande o amor à salvação dos próximos, quanta a destreza? Quão grande, finalmente, o cuidado de cumprir com o dever, não por certo arbitrariamente, mas conforme àquelas leis que nossos antepassados nos deram, só nas quais principalmente se mantiveram firmes, floresce e merece uma mais abundante ajuda divina? De mim confesso de verdade que, de vez em quando, temo que Nosso Senhor julgue que sua Companhia necessita não somente provação, mas também purgação pela negligência de alguns, de pouco talvez, para adquirir uma virtude sólida e perfeita; temo também não seja que por isso "Satanás vos reclamou para vos peneirar como trigo" (Lc 22,31) e por isso também o Senhor tenha determinado "purgar a sua parcela". Por certo que suas palavras são como para despertar e sacudir o preguiçoso ou o que dorme: "todo sarmento meu que não der fruto o Lavrador celestial o cortará, os que derem fruto os limpa para que deem mais" (Jo 15,2).

6. Este é, pois, o segundo sentimento que desejo que se avive em nós, para que nos humilhemos debaixo da mão de Deus nas tribulações que já padecemos ou tememos para o futuro. Pois, sem dúvida, de nada serviria, PP. e II. caríssimos, que nós mesmos nos adulemos, nos enganemos e tão facilmente com um exíguo trabalho e pequeno preço, por assim dizê-los, nos persuadamos com flacidez de que somos verdadeiros filhos de Inácio, verdadeiros companheiros de Jesus. Pelo contrário, o sentimento de humildade a que me referi sempre é frutuoso: "Faze-te pequeno na grandeza" – diz o Eclesiástico – "e alcançarás o favor de Deus" (Eclo 3,18). Se formos humildes de verdade, alcançaremos o favor de Deus e encontraremos nele graça bastante, embora o favor dos homens diminua ou absolutamente nos abandone. Pelo que, examinando com muito cuidado em que consiste a nossa vocação, peçamos com humildade: "Senhor, dá-me conhecer o meu fim e qual é a medida dos meus anos" (Sl 38,5), para que, tendo em conta qual é o fim para o qual o homem foi criado e chamado à fé, e o porquê da vocação religiosa e sacerdotal, e nela o grau e ofício de cada um, considerando, digo, tudo isto, com a mente atenta e com olhos iluminados com luz celestial, vejamos que muito nos falta, choremos nossa imperfeição e adquiramos novas forças para nos mantermos mais firmes e aderirmos mais estreitamente aos passos de nossos pais e à fiel imitação de Cristo Jesus, Chefe nosso e vivo exemplo. E certamente não sei de que modo melhor podemos aplacar a Deus do que com a humilde solicitude, como disse; mais

ainda, tenho fé de que com ela haveremos de rechaçar e confundir a força das perseguições, porque "quando Deus aprovar a nossa conduta" – como disse o sábio – "nos reconciliará com nossos inimigos" (Pr 16,7); quer dizer, que ilumina as suas mentes cegas, toca os corações e que, afinal, a adversários sumamente contrários os converta em desejosos de nossa ajuda, com a qual possamos fazer-lhes bem, segundo pudermos, e não só com orações e súplicas como agora fazemos. Além do mais, se nos mantermos com a disposição que disse, em qualquer coisa que, permitindo Deus, acontecer, experimentaremos a verdade daquele dito usado pela Igreja: "Nenhuma coisa adversa nos causará dano, se nenhuma iniquidade nos domina".

7. Pelo que disse acerca de conseguir uma solícita humildade, não gostaria que a confiança diminuísse minimamente, RR.PP. e II. caríssimos: mais ainda no fim peço e pretendo isso mesmo, que, quanto mais humildes formos de alma, tanto maior fé em Deus alcancemos; avivemos essa fé em nós com a ajuda da divina graça e auxílio da santa oração; fomentemo-la o máximo e amplíssimo que pudermos. Porque, PP. e II. caríssimos, se há alguém entre vós abatido, talvez por temor de futuros acontecimentos, "por que", digo, "sois covardes"? Que pouca fé! (Mt 8,26). Acaso "sucede uma desgraça na cidade que não a mande o Senhor"? (Am 3,6). Acaso o que o Senhor fez pode ser de todo mau? Acaso não é certo que de tudo, mesmo daqueles males "com os que amam a Deus, ele coopera em tudo para seu bem"? (Rm 8,28). E, de verdade, o que será que nos poderá fazer dano, se amarmos a Deus? O que, também, nos será de muitíssimo proveito?

8. Pois qualquer mal, que ainda com os mais pessimistas pensamentos queiramos imaginar (de antemão), onde, por favor, onde terminará o furor do mundo todo, de todo o inferno? Talvez acometa com mãos violentas, com cárceres, tormentos e morte? Estas são coisas extremas, nem poderá fazer maiores que essas por mais que se assanhe. Não é assim que dessas mesmas penas diz o Senhor: "Não tenhais medo dos que matam o corpo"? (Mt 10,28). Eu julgo assim,

porém, e não duvido que pensemos o mesmo, PP. e II. caríssimos, que é um sumo bem derramar o sangue e perder a vida em tão boa causa; e, se algo disso, mesmo com temor esperamos, não me parece presunçoso, como se aspiramos a isso tão grande glória da qual somos totalmente indignos. Oxalá fôssemos dignos! Oxalá pelo menos alguns poucos dos nossos fossem dignos de tal feliz sorte! Quantos, me pergunto, varões apostólicos dentre nossos pais se sustinham unicamente com essa esperança em seus trabalhos e calamidades? Propunham-se isso como única meta e regalo, que alcançaram depois de muitos trabalhos e injúrias. Porém, se nos sentimos indignos de tanto bem, pelo menos, rogo, não o temamos. Antes, atendamos o Senhor quando anunciou aqueles gravíssimos acontecimentos, "sereis odiados por todos" por causa do meu nome. Pensemos antes que o Senhor, quando anunciou as gravíssimas ameaças do mundo – "todos vos odiarão por minha causa" –, fechou as suas palavras com uma sentença digna de ser considerada: "Mas não perdereis um cabelo da cabeça" (Lc 21,17). Que muitos dos nossos o experimentaram de um modo singular nestes mesmos tempos, e foram tirados do meio dos perigos pela divina Providência.

9. Então, o que temeremos? Talvez, privados do que a divina Providência nos proveu até agora para nosso sustento, reduzidos a estreitezas no doméstico e oprimidos pelas necessidades, cheguemos a carecer não só do conveniente, mas também do necessário? Oxalá, porém, fôssemos dignos de que alguma vez provássemos o gosto do fruto da santa pobreza abundantemente, a qual nos tem agora em comodidade e nos oferece cada dia uma esmola bastante esplêndida! Tornar-nos-íamos semelhantes àqueles pais nossos que de verdade, penso, foram ricos em virtudes, dons celestiais e méritos diante de Deus, tanto como carentes de muitas coisas segundo o seu modo de viver; eles não só tinham afeto à pobreza, mas também de fato a experimentavam, faltos não raras vezes de meios de subsistência. A propósito disso, gosto de recordar umas palavras de Santo Inácio

(no Exame. Gn 4,26) que sempre que leio me comovem não pouco: *Cum enim, inquit, qui primi huiusmodi indigentiam ac penuriam maiorem rerum corpori necessarium probati fuerint, qui post eos accedent, curare debent ut quoad poterunt eo pertingant quo illi pervenerunt, vel ulterius etiam in Domino progrediantur.* Além disso, é oportuno recordar aquela pergunta que Jesus fez aos seus discípulos: "Quando vos enviei sem bolsa, sem alforje, sem sandálias, vos faltou algo? Responderam: 'Nada'" (Lc 22,3-5).

10. Mas, se nem a morte nem a extrema pobreza hão de ser temidas, outro infortúnio talvez nos ameace, que consiste em que nos tenhamos de separar um do outro, dispersos pelo mundo, para que desviemos a força das perseguições? Não nego, PP. e II. caríssimos, que esta prova, segundo penso, tanto para mim como para todos vós, de verdade seria gravíssima. Por quê? Não é "do Senhor a terra e tudo o que a enche" (Sl 23,21)? Acaso não seríamos filhos de Deus, onde quer que estivéssemos, e filhos da divina Providência que não sabe abandonar os que ama porque toda ela é paternal? Finalmente, se tal acontecesse, não seria definitivo, mas por pouco tempo, com o que se provaria a nossa virtude da constância. De tal forma, fica em minha alma a fé de que de novo nos havemos de reunir e, em breve, que não duvidei em tomar as palavras do profeta: "Eu mesmo o verei e não outro; meus olhos o verão" (Jó 19,27). Esta esperança descansa em meu peito. Tantas e tão grandes misericórdias experimentadas pela Companhia ainda em tempos recentes, vistas pelos seculares mesmos como um milagre, tão grandes misericórdias, digo, não nos permitem duvidar de que aquele que começou a obra a aperfeiçoará. Embora nos fira, nos sanará; se nos dispersar, nos congregará. Pelo que fortaleçamos o ânimo todos quantos somos, seja o que for tudo quanto o Senhor dispuser e digamos com o apóstolo: "Estamos orgulhosos também das dificuldades, sabendo que a dificuldade produz a inteireza; a inteireza, qualidade; e a qualidade, esperança e essa não defrauda" (Rm 5,3-5).

11. A nave da Companhia é maltratada pelas ondas; não é de se maravilhar: acaso a barca de Pedro não está sendo agitada por uma tremenda tempestade? Quer dizer, a noite e o poder das trevas se lançam em cima. Remar nos custa trabalho: Pio VII nos chamou de remadores; oxalá sejamos fortes e inquebrantáveis nas lutas! Remar nos custa, digo; há vento contrário. Porém, não cessemos, PP. e II. caríssimos; começará a margear a luz e Jesus, que certamente sabe os que os seus estão penando, ao chegar se apresentará e "caminhando sobre as ondas rechaçará as ondas com a sua divina pisada" e cessará o vento e haverá tranquilidade. Clamemos, sim, orando: "Senhor, salva-nos!". Não tenhamos, porém, demasiado temor de perecer, não seja que, como os apóstolos, o Senhor benigníssimo nos argua de timidez, "homens de pouca fé". "Esperemos, trabalhemos virilmente, conforte-se nosso coração e esperemos no Senhor" (Sl 26,14). "Porque já falta pouco para que chegue o que vem, não se atrasará" (Hb 10,37). Entretanto, não deixemos de "pedir a Deus, que dá sem regatear e sem humilhar" (Tg 1,5), para que nos dê o que o apóstolo chama de "o melhor", nos dê a todos a graça de "robustecer-nos interiormente" (Hb 13,9) com tranquilidade de coração. Ao mesmo tempo, meditemos sempre aquele aviso de Pedro: "Os que padecem segundo o desígnio de Deus, que pratiquem o bem, pondo-se nas mãos do Criador que é fiel" (1Pd 4,19). "Após um breve padecer, Deus, que é todo graça e que vos chamou pelo Messias à sua eterna glória, ele em pessoa vos restabelecerá, afiançará, robustecerá e dará estabilidade. Seu é o domínio pelos séculos dos séculos. Amém" (1Pd 5,10).

Encomendo-me nos SS.SS. e OO. de todos. RR.PP. e II. caríssimos em Cristo. Roma, 24 de julho de 1831. Servo de Cristo.

Jan Roothaan

CONTRA O ESPÍRITO DE "ASSANHAMENTO"

Diego Fares S.I.

O "espírito de assanhamento"[1] é algo que sempre esteve presente na história da humanidade. Muda de forma, mas sempre se trata do mesmo dinamismo que leva uns a assanhar-se contra os outros. Manifestou-se pela primeira vez na raiva de Caim, que o levou a matar o seu irmão, e se segue desencadeando na fúria do demônio, que, não podendo matar a Mulher – figura da Igreja –, se dirige contra o resto dos seus filhos (cf. Gn 4,6 e Ap 12,17). As novas formas tomam hoje nomes como *bullying* e encarniçamento midiático.

Numa recente homilia em Santa Marta, o Papa Francisco refletiu acerca do mistério do mal que se revela no *bullying*, na ação de "agredir o fraco": "Os psicólogos darão boas explicações, profundas" – acrescentou –, "mas eu apenas digo (que o fazem) também as crianças [...], e esta é uma das marcas do pecado original, esta é obra de Satanás".[2]

A menção a Satanás nos adverte acerca do caráter decididamente espiritual de um comportamento que, por algumas expressões que usamos para nomeá-lo – "accanimento" em italiano,

---

[1] "Assanhamento" está traduzindo a palavra "ensañamiento", que se traduz, em geral, por "enfurecimento". "Sanha" é tomado no seu primeiro sentido de ira, raiva, pois três elementos – ressentimento, ódio e violência – compõem a "sanha". [N.T.]

[2] FRANCISCO. *Homilias em Santa Marta*, 8 de janeiro de 2018.

"encarnizamiento" em espanhol, "encarniçamento" em português –, seria óbvio pensar que se trata de algo animal, quando na realidade não é assim. Mesclado e confundido com o carnal, se esconde um "mais" de ferocidade e de crueldade gratuita, que produz grande desassossego e confusão mental quando vemos seus efeitos. Pensemos na adolescente que se suicida ao não suportar ver uma triste imagem íntima sua viralizada na internet.

O espírito de assanhamento é demoníaco, no sentido de antinatural: não só é destrutivo, mas também autodestrutivo; é contagioso e gera efeitos nocivos no nível social: orfandade, sentimentos de desassossego e desenraizamento, confusão. E, dado que se esconde e se confunde dentro de outros fenômenos, é necessário expô-lo à luz do discernimento espiritual, para não se equivocar acerca do modo de resistir a ele: é possível, por exemplo, contagiar-se com seu dinamismo perverso, enquanto se está combatendo contra algum de seus efeitos.

É preciso levar em conta que, junto com o assanhamento grosseiramente destrutivo, há outro "educado"[3] que atua de maneira mais solapada, mas com idêntica e sistemática crueldade. Por acaso não é sintomático que utilizemos o termo "inumano" ou "desumanizar", sem refletir às vezes que com eles não queremos dizer "animal", mas algo de outra natureza?

Uma breve fenomenologia do "espírito de assanhamento" nos ajudará a reconhecê-lo melhor para poder interpretar a sua malignidade, de modo tal que se ative o desejo de resistir a ele com a ajuda do Espírito, de rechaçá-lo e expulsá-lo de nosso interior e das estruturas sociais nas quais se encarna. Como diz a oração do *Veni Creator*: *Hostem repellas longius*, "Repele o inimigo o mais longe possível".

---

[3] Há, no entanto, "outra perseguição da qual não se fala tanto", uma perseguição "disfarçada de cultura, disfarçada de modernidade, disfarçada de progresso: 'É uma perseguição – eu diria um pouco ironicamente – *educada*' [...]. O chefe da perseguição *educada* Jesus chamou de príncipe deste mundo" (FRANCISCO. *Homilias em Santa Marta*, 12 de abril de 2016).

Para compreender de que modo se pode resistir sem se contagiar, levaremos em conta uma recomendação que o Papa Francisco fez em seu encontro com os jesuítas do Peru, durante sua última viagem apostólica à América Latina. Naquela ocasião mencionou *Las cartas de la tribulación*,[4] das quais afirmou que "São uma maravilha de critérios de discernimento, de critérios de ação para não se deixar *engolir* pela desolação institucional"[5] e "atinar com o caminho a seguir" em "momentos de turbação, nos quais a poeira das perseguições, tribulações, dúvidas etc. é levantada pelos acontecimentos culturais e históricos". Há "várias tentações (que são) próprias deste tempo: discutir as ideias, não dar a devida importância ao assunto, fixar-se demasiado nos perseguidores [...], ficar ruminando a desolação...".[6]

Das diferentes tentações que se dão em tempo de tribulação, poremos em evidência a do "espírito de assanhamento", mediante o qual o espírito maligno não só nos tenta a opor resistência à graça, mas também dá um passo a mais: envolve-nos e nos converte em cúmplices de seu afã por destruir a nossa própria carne.

Fenomenologia do assanhamento

Quando há assanhamento, todos reagimos "visceralmente". As distintas línguas exprimem esse fenômeno concentrando-se em diversos aspectos. Em italiano se usa a expressão *accanimento*, que leva em conta o *sujeito* – o cão – e destaca o aspecto subjetivo da ferocidade. Em espanhol, "encarnizamiento" faz referência à carne, considerando o *objeto* sobre o qual se desata a fúria. O inglês e o francês falam de *fierness* e *férocité*, ressaltando a ferocidade da *ação* mesma.

---

[4] Estas cartas serão citadas com a sigla CT e o número da página.

[5] FRANCISCO. ¿Dónde es que nuestro pueblo ha sido creativo? Conversaciones con jesuitas de Chile y Perú. *La Civiltà Cattolica Iberoamericana* II, 2018, n. 14, p. 7-23.

[6] Cf. id. *Encontro com sacerdotes, religiosos e religiosas, consagrados e seminaristas*. Santiago de Chile, 16 de janeiro de 2018.

Em alemão, *Hartnäckigkeit* significa "dureza de cerviz" e destaca um *traço físico* que explicita uma determinação impiedosa na perseguição de seu objetivo.

Se analisarmos o fenômeno do *bullying*, por exemplo, se compreende que não é fácil de classificar, embora certas características recorrentes – premeditação da agressividade, sistematicidade, assimetria de poder – permitam enquadrar um episódio particular dentro dessa categoria.[7] Mas a descrição de alguns traços que são comuns abstratamente não penetra no núcleo do fenômeno, em sua maldade sem motivo aparente, que em certo ponto se intensifica de maneira exponencial e se torna contagiosa. Características como estas nos levam a pensar que não se trata de uma questão meramente instintiva e animal, mas que há algo mais.

O contágio é um elemento significativo a ter presente para interpretar o espírito de assanhamento. Nem todos nem em todas as épocas nos assanhamos com os mesmos objetos, mas, quando vemos alguém que se assanha, se desata um impulso mimético muito forte, tanto nos que se somam ao assanhamento do agressor, como nos que defendem a vítima com uma dinâmica semelhante. E, quando há assanhamento, o germe da vingança fica semeado: o contágio se propaga no tempo.

Outro elemento a considerar é que, embora pareça que a crueldade humana sempre foi a mesma e que com a civilização certas coisas já não se fazem, na realidade sucede o contrário: com a sofisticação da tecnologia, o espírito de assanhamento se torna cada dia mais cruel nos efeitos e mais "politicamente correto" em sua modalidade. Não é sintomático que tendamos a interpretar como menos feroz um míssil teleguiado do que uma sangrenta batalha corpo a corpo? O fato de "se ver menos sangue" não significa que seja menor o espírito

---

[7] Cf. CUCCI, G. Acoso y ciberacoso. Dos fenómenos en aumento. *La Civiltà Cattolica Iberoamericana* II, 2018, n. 13, p. 35-48.

de ferocidade; exatamente o contrário: torna-se mais preciso, mais sistemático e mais inumano.

Assinalamos, por fim, um paradoxo. O que incita, sustém e exacerba o "encarniçamento" é – ao mesmo tempo – a fragilidade e a resistência concreta da carne. Não é possível "encarniçar-se" com algo sólido como um ferro nem com algo que não opõe resistência com sua matéria mesma, como poderia ser a água ou o ar. Esse paradoxo nos leva a descobrir uma contradição. Não tem sentido "encarniçar-se com a carne", já que, passado certo limite, esta deixa de ser objeto adequado para um excesso de fúria. Em certo ponto, surge "naturalmente" o reclamo de frear o assanhamento, de "ter piedade". Se algo faz com que alguém "tape os seus ouvidos e arremeta com redobrada fúria" contra a vítima inerme, esse "algo" é o espírito de assanhamento. Este espírito se revela como algo não meramente instintivo, mas fruto de uma decisão lúcida e livre que se compraz em "fazer o mal pelo mal mesmo".

Baste o dito para discernir, inequivocamente, que é correto falar de "espírito de assanhamento" e não de "instinto". Na realidade, quando falamos dos animais usando expressões como "instinto assassino" ou "animal cevado no sangue", projetamos uma maldade pela maldade mesma, escolhida com redobrada lucidez e pertinácia, da qual o mundo animal carece em absoluto. E se a tem, limita-se ao ritmo ditado pelo impulso e pela satisfação do instinto, que é imediato cada vez e impossível de planejar no longo prazo.

Quando o assanhamento prejudica o diálogo

Isso nos leva a analisar de outra maneira o fenômeno do "encarniçamento midiático". O fato de o espírito de assanhamento se manter no âmbito das palavras e de a violência não chegar às vias de fato, mas, no máximo, se manifestar no tom e em alguns gestos, não significa que tenhamos saído do âmbito do assanhamento e estejamos em terreno civilizado. Pelo contrário! É precisamente aqui, na violência verbal, na mentira, na calúnia, na difamação, na detração e no mexerico que o espírito de assanhamento tem o seu antro e aí domina.

Francisco realiza um desmascaramento nítido e drástico de algumas tentações. Coisa da qual alguns zombam – como dizendo que o Papa "exagera" –, quando comentam o que disse a umas freirinhas de clausura que, se propagassem mexericos, seriam monjas "terroristas".[8]

É que a palavra, por seu dinamismo próprio, tende a "realizar-se". Por isso, é importante raciocinar quão contraditório é "discutir encarniçadamente". Encarniçar-se no diálogo é um contrassenso. A essência do diálogo não são as palavras que são ditas ou os discursos que são feitos, mas o consentimento mútuo dos interlocutores acerca de uma realidade que necessita de explicitação. Quando alguém formula um julgamento, o propõe ao assentimento do outro, para que este o complemente com o seu ponto de vista. Se for escamoteado que o assentimento é o essencial e que se quer impor o próprio ou se despreza o que o outro diz, não há diálogo. O assanhamento não é fruto do instinto, é fruto de uma lógica, a do "pai da mentira" (Jo 8,44), e se o combate com outra lógica, a da verdade, tal como Jesus a testemunha no Evangelho e o Espírito Santo a discerne em cada situação. A lógica da Encarnação é oposta à lógica do encarniçamento.

Os remédios contra o assanhamento nas "Cartas da tribulação"

Nas "Cartas da tribulação", tal como mencionamos no começo, Bergoglio encontra alguns remédios para resistir a esse mau espírito

---

[8] FRANCISCO. *Homilia na oração da Hora média com religiosas de vida contemplativa*. Lima, 21 de janeiro de 2018.

do assanhamento sem ser contagiado. Nelas nos é dada "a doutrina sobre a tribulação... [*As cartas*] constituem um tratado acerca da tribulação e o modo de suportá-la".[9]

Ao celebrar as vésperas na igreja de Gesù, em 27 de setembro de 2014, Francisco disse: "Lendo as cartas do padre Ricci, impressionou-me muito um aspecto: a sua capacidade de não cair na armadilha dessas tentações e propor aos jesuítas, em tempo de tribulação, uma visão das coisas que os arraigava ainda mais na espiritualidade da Companhia".[10]

Para contextualizar esse escrito, devemos dizer que a doutrina sobre o modo de enfrentar e resistir às tribulações que Bergoglio expõe em seu breve prólogo a "Cartas" é complementada, formando uma trilogia com outros dois escritos: um anterior, "A acusação de si mesmo",[11] publicado pela primeira vez em 1984; e outro, escrito nos primeiros meses depois de sua transferência para a residência de Córdoba, intitulado "Silêncio e palavra".[12]

A primeira coisa que é preciso dizer é que as "Cartas" não são uma elaboração abstrata de critérios espirituais, mas a fonte e o fruto de uma atitude que levou uma instituição inteira – a Companhia de Jesus – a aceitar a própria supressão (que causou a morte de muitos jesuítas) em obediência à Igreja, sem devolver mal por mal a ninguém.

---

[9] CT, p. 20.
[10] FRANCISCO. *Celebração das vésperas e Te Deum*, na igreja de Gesù, 27 de setembro de 2014.
[11] BERGOGLIO, J. M. *Reflexiones espirituales sobre la vida apostólica*. Buenos Aires: Diego de Torres, 1988, p. 120-121. O texto "La acusación de sí mismo", que está incluído ali, já fora publicado no *Boletín de espiritualidad de la Provincia argentina de la Compañía de Jesús*, n. 87, 1984.
[12] Id. Ensañamiento. In: *Reflexiones en esperanza*. Buenos Aires: USAL, 1992. Doravante o citaremos como SyP.

Essa atitude paradigmática de uma "perseguição maior" proporciona um marco espiritual para enfrentar qualquer outra. Segue o espírito da Carta de Pedro de *não se maravilhar* do incêndio que se desata (cf. 1Pd 4,12), quando há uma perseguição. A atitude é a da Carta aos Hebreus, que nos recorda que não "chegamos a derramar sangue em nossa luta contra o pecado" (Hb 12,4).

Na atitude de *paternidade espiritual* daqueles padres-gerais da Companhia de Jesus, Bergoglio vê o remédio mais eficaz contra o risco de cair no vitimismo de exagerar as perseguições. A paternidade que põe a força em cuidar do trigo e não arranca prematuramente a cizânia, é remédio que "resgata o corpo do desamparo e do desenraizamento espiritual".[13] No entanto, não o faz como quem protege o outro dos golpes exteriores, mas como um pai que ajuda os seus filhos a "tomar uma atitude de discernimento"[14] que lhes permita defender-se por si mesmos.

O efeito mais devastador do "espírito de assanhamento" que se encarniça com a carne do mais fraco se produz no povo fiel de Deus: recai sobre os mais simples e pequenos, os quais, ao ver essa ferocidade que se desata contra os filhos mais fracos, e amiúde contra os melhores, experimentam a orfandade, o desamparo e o sentimento de desenraizamento. Daí que a atitude paternal consiste em cuidar que os pequenos não se escandalizem. Esta foi a principal preocupação do Senhor quando chegou a sua hora da Paixão: rezar ao Pai e cuidar que os seus não se escandalizassem.

Humilhar-se para resistir ao mal

Os remédios contra o espírito de assanhamento não procuram "vencer o mal com o mal"; isto equivaleria a contagiar-se com a sua

---

[13] CT, p. 23.
[14] Ibid.

dinâmica. Visam, ao contrário, fortalecer a nossa capacidade de "resistir ao mal", achando modos de suportar a tribulação sem fraquejar. Essa resistência ao mal é totalmente contrária a esse outro tipo de resistência – a resistência ao Espírito – que o demônio pratica e provoca instigando o assanhamento. Vejamos as características da resistência ao mal.

Em alguns casos, a resistência à perseguição consistirá em "fugir para o Egito", como fez São José para salvar o Menino e sua Mãe: "Sempre havemos de ter à mão um 'Egito' – mesmo em nosso coração – para nos humilharmos e autodesterrar-nos diante da desmedida de um suspicaz"[15] que nos persegue. A primeira resistência, portanto, consiste em retirar-se, em não reagir atacando ou seguindo o instinto de fazer uma oposição direta. O recurso a esse lugar do coração no qual alguém sempre pode exilar-se, quando algum Herodes o persegue, é fonte de paz que o Senhor deu a Bergoglio, quando este compreendeu que seria eleito Papa. Foi o pontífice mesmo quem contou isso mais de uma vez, pedindo orações para que essa paz nunca lhe seja tirada.[16]

Em outros casos, porém, a resistência consistirá em enfrentar abertamente o mau espírito, dando testemunho público da verdade com mansidão e firmeza. Nesse ponto, Bergoglio-Francisco mostra uma graça especial, que é – dito de maneira simples – a de "fazer saltar o mau espírito", que assim se revela.[17] Quando a tentação se baseia numa verdade ou meia verdade, é muito difícil poder trazer mais luz e iluminar as coisas intelectualmente. "Como ajudar em

---

[15] SyP 152. Guardini coloca essa desmedida ou desenfreio (*Ausschweifen*) como característica de um tipo de pessoas que são licenciosas, violentas e corruptas pelo poder e pela insegurança interior (cf. GUARDINI, R. *Der Herr*. Wurzburgo: Werkbund, 1964, p. 22).

[16] Cf. SPADARO, A. Intervista a papa Francesco. *La Civiltà Cattolica*, 2013, III, p. 450.

[17] Cf. o editorial: Cinco años del papa Francisco. El camino del pontificado se hace al andar. *La Civiltà Cattolica Iberoamericana* II, 2018, n. 16, p. 7-14.

tais circunstâncias?", se perguntava Bergoglio em "Silencio y palavra". Há de se fazer com que "se manifeste o mau espírito" e a única maneira é "dar lugar a Deus", já que Jesus é o único que pode fazer com que se descubra o demônio: "Há só um modo de 'abrir espaço' a Deus, e este modo ele mesmo nos ensinou: o aniquilamento, a *kenosis* (Fl 2,5-11). Calar, orar, humilhar-se".[18]

Afirma Bergoglio:

> Mais que na "luz", é preciso jogar no "tempo". Explico-me: a luz do demônio é forte, mas dura pouco (como o *flash* de uma máquina fotográfica); ao contrário, a luz de Deus é mansa (e) humilde – não se impõe, mas se oferece –, porém dura muito. É preciso saber esperar, orando e pedindo a intervenção do Espírito Santo, até que passe o tempo dessa luz forte.[19]

Dimensão política da luta contra o espírito de assanhamento

É importante entender o que está em jogo nesse humilhar-se para "dar lugar" a Jesus. Não estamos diante de uma atitude meramente "religiosa", pontual e subjetiva. Na atitude dialogal de "apostar no tempo" e "fazer-se fraco", aceitando as humilhações concretas de não poder explicar tudo de uma vez, abre-se "outra dimensão".[20]

No modo de dialogar que resiste ao "assanhamento primordial, que é rebelião contra Deus", abre-se uma dimensão política da guerra, da "guerra de Deus". Bergoglio se serve do testemunho de um religioso para descrever essa dimensão: "Uma vez, um religioso, referindo-se a uma situação concreta bem difícil, disse: 'Entendi que

---

[18] SyP 164.
[19] Ibid., 163.
[20] Ibid., 168-169.

esta era uma guerra entre Deus e o Diabo. E se nós quisermos pegar em lanças, vamos nos destruir'".[21]

A consciência dessa "dimensão política" da luta contra o espírito de assanhamento remete à lucidez com a qual Francisco encara todos os conflitos, tanto os internos da Igreja como os externos. Saber que se trata da guerra de Deus é o que o blinda na paz, o fortalece na paciência e leva a "sair" e ir em frente.

"A mansidão nos mostrará ainda mais fracos"

Austen Ivereigh escreveu: "A cruz obrigará finalmente o diabo a revelar-se, porque o diabo confunde amabilidade com fraqueza".[22] Escreve Bergoglio:

> Em momentos de escuridão e muita tribulação, quando os "enroscos" e os "nós" não podem ser desenredados nem as coisas aclaradas, então é preciso calar; a mansidão do silêncio nos mostrará ainda mais fracos, e então será o demônio mesmo que, metido a valente, se mostrará à luz, que mostrará as suas reais intenções, já não disfarçado de anjo de luz, mas sem embuço.[23]

Esse "mostrar-se ainda mais fracos" é o comportamento que vence as insídias do espírito maligno. É o melhor modo de combater os mexericos de corredor, os tons escandalosos, os ataques que hoje se difundem facilmente nas redes sociais, inclusive em sítios que se definem como "católicos". Nesses casos é necessário resistir em silêncio. São interessantes a esse respeito as reflexões de Máximo Confessor, que o então padre Bergoglio citava em "Silencio y Palabra". Nelas se afirma que, quando Cristo – ao atravessar a Paixão – vai se

---

[21] Ibid., 168.
[22] IVEREIGH, A. *Tempo di misericordia*. Milão: Mondadori, 2014, p. 242.
[23] SyP 167.

enfraquecendo – se mostra cada vez mais fraco até a morte na cruz, enquanto os discípulos fogem e as pessoas o deixam só –, o demônio parece cobrar alento e se sente descaradamente forte e vencedor. No final, porém, é a carne de Cristo em sua fraqueza a isca que o demônio, ao se assanhar, devora. E assim morde o anzol com o veneno que o neutraliza.[24]

Os que acusam Francisco de "confuso", quando não age guerreiramente "defendendo" os justos e "condenando" os pecadores, "impondo" as normas, precisando com infalibilidade papal os "até aqui se pode, até aqui não se pode", como quem estende uma cerca de arame farpado, não se dão conta de que, na realidade, quem o Papa confunde é o mau espírito que os move.

Num mundo no qual políticos e religiosos discutem e se insultam com *tweets*, Francisco, com seu modo de resistir ao assanhamento no diálogo, resiste "mantendo posições" (Ef 6,13); porém, com "a mesma atitude de Jesus",[25] abre em torno de si um espaço político distinto, o do Reino de Deus, no qual é o Senhor quem trava a guerra e nenhum de nós é o protagonista.

Essa "resistência passiva ao mal" – a mesma que Bergoglio sempre sublinhou como a graça que os povos têm, em torno da qual constroem paciente e sabiamente a sua cultura –[26] emenda, entre outras coisas, três atitudes que são próprias de uma "política do assanhamento", sobre as quais se funda toda política partidária. Bergoglio descreve essas atitudes assim como se apresentam na Paixão do Senhor. A primeira é a atitude daqueles que "se assanham com aquele que veem fraco".[27] Os poderosos não se atreviam a ir contra

---

[24] Cf. FRANCISCO. Exortação ap. *Gaudete et exsultate*, 115, e SyP 167.
[25] SyP 167.
[26] Cf. FARES, D. "Yo soy una misión". Hacia el sínodo de los jóvenes. *La Civiltà Cattolica Iberoamericana* II, 2018, n. 15, p. 7-20.
[27] SyP 165.

Jesus quando o povo o seguia, mas tomam coragem quando, traído por um dos seus, o veem enfraquecido. A segunda atitude "é a raiz de todo assanhamento: a necessidade de descarregar-se das próprias culpas e limitações [...] repetindo o mecanismo do bode expiatório". A terceira atitude é a daqueles que, como Pilatos, diante do assanhamento lavam as mãos, "deixam fazer".[28]

A acusação de si mesmo

Contra isso, "mostrar-se fraco" à imitação de Jesus consiste numa atitude muito precisa. Bergoglio diz que "Jesus o obriga (o demônio) a 'mostrar-se', o 'deixa vir'".[29] O que o Senhor consegue com a sua inocência e sua entrega incondicional nas mãos do Pai para salvar a todos nós, perdoando inclusive os seus inimigos, é inimitável. Há, porém, um modo – possível para nós, pecadores – de tornar assim inocente a nossa fraqueza: consiste na "acusação de si mesmo", atitude diametralmente oposta ao assanhamento com os outros.

Acusar a si mesmo, não em geral, mas em algo concreto, é "mostrar-se realmente fraco" para, assim, poder ser "defendido pelo Paráclito", como alguém que conta tudo ao seu bom advogado para que possa defendê-lo de maneira eficaz ante seus acusadores. Bergoglio já tinha desenvolvido isso ao comentar Doroteu de Gaza em seu tratado "Sobre a acusação de si mesmo".[30] Ali, Doroteu de Gaza faz alusão a como é bom formar o coração mediante esse exercício de "acusar a si mesmo", porque se trata de uma "atitude interior, em si pequena, mas que tem a sua repercussão em nível de um corpo institucional".[31]

---

[28] Ibid., 166.

[29] Ibid., 167.

[30] Cf. BERGOGLIO, J. M. *Reflexiones espirituales*, cit., p. 119-142. Ali se encontra uma tradução e comentário seus da "Instrução 7" dos *Ensinamentos espirituais* de Doroteu de Gaza.

[31] Ibid., p. 119.

Não é raro encontrar – nas comunidades, sejam locais ou provinciais – grupos que lutam por impor a hegemonia do seu pensamento e de sua simpatia. Isso costuma acontecer quando a abertura caritativa ao próximo é suprida pelas ideias de cada um. Já não se defende o *todo* da família, mas a *parte* que me toca. E não se adere à *unidade* [...], mas ao *conflito* [...]. Quem acusa a si mesmo deixa lugar à misericórdia de Deus.[32]

No prólogo às "Cartas", Bergoglio faz ver que dar testemunho da verdade é algo muito diferente de um mero "dizer a verdade". Na tribulação que levou à supressão da Companhia:

> Concretamente, não era de Deus defender a verdade à custa da caridade, nem a caridade à custa da verdade, nem o equilíbrio à custa de ambas. Para evitar converter-se num verdadeiro destruidor ou num atrativo mentiroso ou num perplexo paralisado, (se) devia discernir.[33]

Contra o "assanhamento" – e de modo especial quando se manifesta de forma "educada", usando verdades –, é necessário estar atentos porque "nem sempre o demônio tenta com uma mentira; pode bem existir uma verdade, mas 'vivida com mau espírito', como diz o Beato Pedro Fabro (depois proclamado santo)".[34] Bergoglio faz notar que uma verdade ideológica "deve ser julgada sempre não por seu conteúdo, mas pelo 'espírito' (a vontade) que a sustenta, que é exatamente o Espírito da verdade".[35]

Como remédio, como antídoto mais seguro contra o assanhamento, Bergoglio sublinha "o recurso aos pecados próprios dos jesuítas" que fazem os padres-gerais,

---

[32] Ibid., p. 119 e 126.
[33] CT, p. 23.
[34] Cf. FABRO, P. *Memorial*, n. 51; cf. notas 84 e 375 da edição castelhana. San Miguel: Diego de Torres, 1983.
[35] BERGOGLIO, J. M. La acusación de sí mismo. In: *Reflexiones espirituales*, cit., p. 120-121.

os quais (pecados) – num enfoque meramente discursivo e não de discernimento – pareceria que nada tinham a ver com a situação externa de confusão provocada pelas perseguições. O que sucede não é casual: subjaz aqui uma dialética própria da situacionalidade do discernimento: buscar – dentro de si mesmo – um estado parecido com o de fora. Neste caso, ver-se perseguido poderia engendrar o mau espírito de "sentir-se vítima", objeto de injustiça etc. Fora, pela perseguição, há confusão... Ao considerar os pecados próprios, o jesuíta pede – para si – "vergonha e confusão de si mesmo".[36] Não é a mesma coisa, mas se parecem; e – desta maneira – se está em melhor disposição de fazer o discernimento.[37]

Bergoglio destaca como os padres-gerais "centram a sua reflexão na confusão" que a ideologia subjacente à perseguição produz "no coração" (dos jesuítas, naquele caso). "A confusão mora no coração: é o vaivém dos diversos espíritos."[38] E acrescenta: "As ideias se discutem, a situação se discerne". A situação é de confusão e a causa da confusão radica no "dinamismo" de assanhamento, no ir e vir dos pensamentos que surgem ao ver-se atacado com uma ferocidade obstinada, persistente, própria de que tem "dura cerviz".[39]

A resistência ao Espírito Santo – a sua graça e ao esplendor de sua verdade – é esse impulso propriamente demoníaco que, para não ver a si mesma, se desata em fúria encarniçada contra a carne do outro. Contra esse dinamismo acusatório que não tem piedade, a atitude interior é – paradoxalmente – a acusação de si mesmo, sincera e simples, sem maquilagem e sem o assanhamento da culpa, a acusação de si mesmo diante da misericórdia de Deus e da comunidade.

---

[36] Cf. *Exercícios espirituais*, 48.

[37] CT, p. 24.

[38] CT, p. 23.

[39] "Duros de cerviz [...], sempre resistis ao Espírito Santo" (At 7,51) é a acusação que Estêvão faz aos que, em seguida, se lançarão encarniçadamente contra ele.

Uma nova "Carta da tribulação"

Francisco deu um exemplo concreto dessa atitude recentemente, ao escrever uma espécie de nova "Carta da tribulação". É a carta que o Papa enviou em 8 de abril passado aos bispos do Chile, depois de ter lido o relatório de Monsenhor Scicluna, que escutou "desde o coração e com humildade" os testemunhos das vítimas de abuso por parte do clero desse país. O espírito da carta do Papa aos seus "irmãos no episcopado" é o de um pai que fala a seus filhos que também são pais. Este é o "sentido profundo" da carta, o mesmo espírito que Bergoglio percebia que tinha inspirado as cartas dos superiores-gerais da Companhia.

O espírito de paternidade se opõe ao espírito de assanhamento. No centro deste caminho paterno estão as vítimas e o próprio país, Chile, que sangra pelos pecados da Igreja. O instrumento próprio de um pai espiritual é o discernimento. O Papa – ao escrever aos bispos – quer "solicitar humildemente a sua colaboração e assistência no discernimento" das medidas concretas que deverão ser tomadas "em curto, médio e longo prazo".

Francisco convida a comunidade eclesial a "pôr-se em estado de oração" "com o objetivo de reparar no possível o escândalo e restabelecer a justiça". Os males dos quais o Papa fala "amassam a nossa alma e nos lançam no mundo frouxos, assustados e protegidos em nossos cômodos 'palácios de inverno'". São males que provocam "desespero e desarraigamento"[40] no povo de Deus. Portanto, para reparar e sanar as feridas, primeiro devemos aceitar ser perdoados e confortados pelo Senhor.

A atitude radical a assumir diante de uma desolação tão profunda é – como dizíamos – a acusação e a humilhação de si mesmo, e Francisco a adota por primeiro, não descarregando culpas em nenhum

---

[40] CT, p. 23.

bode expiatório, como muitos tentaram fazer, mas tomando-as sobre si. Escreve a eles:

No que me toca, reconheço e assim quero que o transmitam fielmente, que incorri em graves enganos de avaliação e percepção da situação, especialmente pela falta de informação veraz e equilibrada. Desde já peço perdão a todos aqueles aos quais ofendi e espero poder fazê-lo pessoalmente, nas próximas semanas, nas reuniões que terei com representantes das pessoas entrevistadas.[41]

São atitudes como estas que permitem sanar as feridas que o mal e o pecado causaram à sociedade, reforçando assim a nossa pertença a Cristo e ao corpo da Igreja.[42]

---

[41] Francisco. *Carta aos bispos do Chile*, 8 de abril de 2018. Cf. *infra*.
[42] CT, p. 19-24.

SEGUNDA PARTE

AS TRIBULAÇÕES DE HOJE

Francisco
"A ferida aberta, dolorosa e complexa da pedofilia"

Quatro cartas à Igreja do Chile

GUIA DE LEITURA DAS "CARTAS À IGREJA DO CHILE"

Diego Fares S.I.

Uma ferida aberta, dolorosa e complexa, que há muito tempo não deixa de sangrar – assim se poderia definir o escândalo dos abusos que golpeia a sociedade e a Igreja do Chile. Tentaremos dar conta do processo que Francisco iniciou para sanar essa chaga. Como se trata de um processo em curso, apresentaremos uma cronologia dos fatos principais e dos passos dados. Faremos, depois, uma reflexão acerca dos critérios de discernimento que o Papa utiliza para iluminar essa realidade na qual "todos estamos implicados", como disse aos bispos da nação.

Um fato significativo, que condensou muitos outros e foi, de alguma maneira, o detonador do processo dos últimos meses, ocorreu no dia 18 de janeiro de 2018, quando uma jornalista interpelou o Papa Francisco sobre o caso do bispo Barros. Ele lhe respondeu: "No dia que tiver uma prova vou falar".[1]

Três dias depois, na viagem de volta do Peru a Roma, a habitual conferência de imprensa durante o voo teve um caráter singular. O testemunho de vários jornalistas que participaram desse momento concorda com o fato de que o Papa se expôs a qualquer pergunta que lhe quisessem fazer. Nesse clima, pediu perdão duas vezes pela

---
[1] FRANCISCO, *Conferência de imprensa no voo de volta da viagem ao Chile e Peru*, 21 de janeiro de 2018.

palavra "prova" que tinha utilizado: "Sobre isso devo pedir perdão, porque a palavra 'prova' feriu, feriu a muitos abusados".[2] Vários detalhes das coisas que o Papa explicou prolixamente deixavam entrever que fazia tempo que estava percorrendo um caminho com as vítimas e com os acusados.[3]

Nessa passagem, que suscitou muitas interpretações e comoveu pelo modo como o Pontífice pediu perdão em primeira pessoa, resgatamos uma atitude que o então padre Bergoglio tinha caracterizado como "uma dialética própria da situacionalidade do discernimento: buscar – dentro de si – um estado parecido com o de fora [...] e – desta maneira – se está em melhor disposição de fazer o discernimento".[4] O clima do "fora" midiático era de acusações cruzadas de todo tipo e calibre. O Papa acusou a si mesmo e pediu perdão de algo concreto no qual tinha ofendido, e o fato de se ter acusado permitiu, como veremos, que ele discernisse com mais clareza os passos a seguir.

Depois de um mês de oração e consultas, no dia 19 de fevereiro enviou monsenhor Charles Scicluna ao Chile com a missão de escutar de coração e com humildade as vítimas e fazer um relatório da situação que lhe fornecesse um diagnóstico o mais independente possível e oferecesse um olhar limpo. Como disse depois ao povo de Deus em sua carta, "a visita de Monsenhor Scicluna e Monsenhor Bertomeu nasce ao constatar que existiam situações que não sabíamos ver e escutar".[5]

---

[2] Ibid.

[3] Um dado foi que, praticamente, todas as semanas, o Papa recebe vítimas de abuso e as escuta. Outro, que o bispo Barros tinha apresentado duas vezes a sua renúncia e ele a tinha rejeitado, dizendo que renunciar por questões alheias era admitir culpa prévia e que, "em qualquer caso, se há culpados, se indaga".

[4] BERGOGLIO, J. M. A doutrina da tribulação. Cf. *supra*.

[5] FRANCISCO. *Carta ao povo de Deus que peregrina no Chile*, 31 de maio de 2018, n. 3. Cf. *infra*.

Depois da leitura do relatório, que lhe foi entregue em 20 de março, o Papa deu três passos. O primeiro foi encontrar-se "pessoalmente com algumas vítimas de abuso sexual, de poder e de consciência, para escutá-los e pedir-lhes perdão por nossos pecados e omissões".[6] Desses encontros resgatamos tanto as declarações das vítimas acerca do que significou para elas o tratamento do Papa, e, para o Santo Padre, quanto o alegrou e esperançou que eles agradecessem a tantas pessoas que os ajudaram: os "santos da porta ao lado", como o Santo Padre gosta de chamá-los.[7]

Deu o passo seguinte em 8 de abril, e foi para convocar os bispos chilenos a se reunirem com ele em Roma.[8] Os bispos estavam reunidos na 115ª Assembleia plenária, e o Papa escreveu a eles "para solicitar humildemente a vossa colaboração e assistência no discernimento das medidas que a curto, médio e longo prazos deverão ser adotadas para restabelecer a comunhão eclesial no Chile, com o objetivo de reparar no possível o escândalo e restabelecer a justiça".[9]

O encontro ocorreu entre 15 e 17 de maio. Às 16 horas de 15 de maio, o Santo Padre se reuniu com 34 bispos que vieram do Chile na *auletta* da sala Paulo VI e, depois de ter uma meditação, entregou a cada um dos bispos a carta[10] de dez páginas com os pontos tratados e os convidou a dedicar exclusivamente um tempo à oração até a seguinte reunião, que ocorreu na quarta-feira, 16 de maio à tarde.

---

[6] Ibid.

[7] Ibid., n. 6.

[8] FRANCISCO. *Carta aos bispos do Chile*, 8 de abril de 2018. Cf. *infra*.

[9] Ibid. Monsenhor Bertomeu, que acompanhou em sua missão o Monsenhor Scicluna, destacou a importância que tinha não só para a Igreja do Chile, mas para a Igreja universal essa convocatória excepcional do Papa a todo um episcopado (cf. Bertomeu sobre encuentro del Papa con el obispos: "Estamos haciendo historia", (http://www.soychile.cl/Santiago/Internacional/2018/05/17/533919/Bertomeusobre-encuentro-del-Papa-con-obispos-Estamos-haciendo-historia.aspx).

[10] Id. *Carta aos bispos do Chile*, 15 de maio de 2018. Cf. *infra*.

Na quinta-feira, 17 de maio, tiveram outros dois encontros, onde o Papa escutou os bispos, que se espraiaram cada um segundo o que tinha rezado. No mesmo dia, o Santo Padre agradeceu-lhes com uma breve carta[11] o encontro realizado.

Em 18 de maio, num gesto de disponibilidade para com o Santo Padre, todos os bispos puseram à sua disposição os seus cargos.[12] Em 31 de maio, o Papa enviou uma carta a todo o povo de Deus que peregrina no Chile.[13] No dia 11 de junho, o Santo Padre aceitou, agora sim, a renúncia do bispo de Osorno, Juan Barros, e de outros dois bispos,[14] e no dia 12 de junho enviou monsenhor Scicluna numa nova missão de oito dias ao Chile, com o fim de evidenciar a proximidade do pontífice com Osorno e de prestar assessoria técnica e jurídica concreta para as cúrias diocesanas do Chile.

Na missa realizada em Osorno, no domingo, 17 de junho, monsenhor Scicluna, de joelhos e acompanhado pelo novo administrador apostólico, Jorge Concha, expressou: "O papa Francisco encarregou-me de pedir perdão a cada um dos fiéis da diocese de Osorno e a todos os habitantes deste território por lhes ter ferido e ofendido profundamente".[15]

No transcurso desse processo, que seguirá adiante no curto, médio e longo prazo, veio à luz a Exortação apostólica *Gaudete et exsultate*, assinada em 19 de março, Festa de São José, e apresentada oficialmente em 9 de abril.

---

[11] Id. *Carta aos bispos do Chile*, 17 de maio de 2018. Cf. *infra*.

[12] O texto da declaração dos bispos chilenos, depois de seu encontro com o Papa, está acessível em: <https://es.zenit.org/articles/ultima-hora-todoslos-obispos-de-chile-renuncian/>.

[13] FRANCISCO. *Carta ao povo de Deus que peregrina no Chile*.

[14] O bispo de Puerto Montt, Cristián Caro, e o bispo de Valparaíso, Gonzalo Duarte.

[15] MARDONES, C. Charles Scicluna pide perdón de rodillas en nombre del Papa. In: *La Tercera*, 17 de junho de 2018. Acessível em: <http://www.latercera.com/nacional/noticia/charles-scicluna-pide-perdon-rodillas-nombre-delpapa/210120/>.

Embora não seja pertinente tirar conclusões de um processo que está em andamento e no qual o Papa surpreende cada dia com suas iniciativas, pode ser de ajuda uma reflexão para tirar proveito desse novo modo de caminhar juntos e de interpretar a realidade que o Papa promove no meio de todo o povo fiel de Deus.

Carta convocatória: uma convicção, uma lucidez e um desejo

A primeira carta[16] é um chamado à conversão. O Papa compartilha com seus irmãos bispos *uma convicção, uma lucidez e um desejo*: "a *convicção* de que as dificuldades presentes são também ocasião para restabelecer a confiança com a Igreja, confiança rompida por nossos erros e pecados"; a *lucidez* de que, "sem a fé e sem a oração, a fraternidade é impossível"; o *desejo* de "que cada um de vós me acompanhe no itinerário interior que estou percorrendo nas últimas semanas",[17] pedindo ao Espírito que seja ele quem conduza o processo.

Se prestarmos atenção, vemos que Francisco põe em primeiro lugar a tarefa de restabelecer a confiança na Igreja e, depois, coloca a necessidade de converter os pecados e sanar as feridas. Nisso se vê o seu discernimento acerca da gravidade desse tipo de pecado. É um pecado que converte em abusador o que tem que proteger – o consagrado – e em âmbito corrupto o âmbito sanador – a Igreja hierárquica. Por isso é tão delicada a tarefa, pois se trata de sanar a Igreja e os seus pastores ao mesmo tempo que as vítimas.

---

[16] FRANCISCO. *Carta aos bispos do Chile*, 8 de abril de 2018.
[17] Cf. BERGOGLIO, J. M. Una institución que vive su carisma. Apertura de la Congregación Provincial XIV (18/2/1974). In: *Meditaciones para religiosos*. Basauri: Mensajero, 2014, p. 43-49.

E, por isso, são tão radicais os meios que o Papa usa. Destacamos três: a acusação de si mesmo,[18] a atitude paternal com seus irmãos que também são pais e situar-se no seio do povo fiel de Deus como lugar teológico sadio a partir do qual começar a sanar todo o restante. Nesse ponto, Francisco não só pede aos bispos que convoquem à oração o povo de Deus em geral como também que promovam a escuta "de coração e com humildade" das vítimas e dos que as ajudaram, enquanto porção predileta do povo de Deus. Monsenhor Scicluna recolheu 64 testemunhos de vítimas de graves abusos de consciência, de poder e sexuais por diversos consagrados.[19]

Carta para o discernimento num contexto de profecia e sinodalidade

A segunda carta – a mais significativa enquanto expressão desse "itinerário interior" que o Papa percorreu – é a meditação que propôs aos bispos chilenos e lhes deu para que rezassem durante um dia todo.[20]

É significativo o fato de que o Papa indique os pecados concretos de modo claro e sem eufemismos e o faça em notas de rodapé.[21]

---

[18] O Papa abre o caminho com a acusação inapelável de si mesmo: "No que me toca, reconheço, e assim quero que o transmitais fielmente, que incorri em graves equívocos de avaliação e percepção da situação, especialmente pela falta de informação veraz e equilibrada. Desde agora peço perdão a todos aqueles aos quais ofendi e espero poder fazê-lo pessoalmente, nas próximas semanas, nas reuniões que terei com representantes das pessoas entrevistadas" (*Carta aos bispos do Chile*, 8 de abril de 2018).

[19] Podem-se ver assim em ação os critérios de discernimento acerca dos quais Bergoglio refletia para tirar proveito da leitura das cartas que os padres-gerais jesuítas escreveram aos seus em tempos de tribulação. Cf. FARES, D. Contra o espírito de "assanhamento". *Supra*.

[20] FRANCISCO. *Carta aos bispos do Chile*, 15 de maio de 2018.

[21] Nas notas 22, 23, 24 e 25, o Papa nomeia cruamente cada pecado: os abusos não só sexuais, mas também de autoridade e poder, as divisões e fraturas cultivadas no

Tudo isso, diz Francisco referindo-se aos pecados e delitos, deve ser condenado e castigado em pessoas concretas, mas não é suficiente. É preciso também um "contexto de profecia" e "clima de colegialidade" para poder fazer o discernimento acerca da raiz desses pecados. O marco profético da meditação – chave para conseguir um enfoque adequado do problema[22] – é a passagem de João Batista, que diz: "É necessário que ele cresça e que eu diminua" (Jo 3,30).

O discernimento de fundo que o Papa faz é que não se deve fazer o jogo da tentação de reagir "deslocando o problema sobre as costas dos outros" (citará o episódio de Jonas atirado da borda do navio para apaziguar a tormenta – Jn 1,4-16). Tampouco se deve ceder às tentações de não aprofundar em suas raízes ou de ficar metidos dentro do problema.

Sob o título "É necessário que ele cresça", o Papa recorda aos pastores em que alto grau a Igreja chilena recebeu, ao longo de sua história, a graça de ser Igreja profética, e do que foi capaz quando colocou Jesus no centro. Foi capaz de promover o Evangelho, de fazer festa, de engendrar santos, de gerar espaços de vida para os povos mais humildes, de denunciar as violações e os direitos humanos,

---

próprio seminário, participadas também aos fiéis, confiar cargos diocesanos ou paroquiais que implicam tratamento diário com menores a religiosos expulsos de sua Ordem por causa de imoralidade em sua conduta, o modo de receber as denúncias, desqualificando-as, as investigações fora do tempo ou não realizadas que eram de domínio público, com o consequente escândalo, as pressões sobre os encarregados de conduzir os processos, a destruição de documentos por parte de encarregados de arquivos eclesiásticos e ter confiado instituições educativas de seminaristas a sacerdotes suspeitos de homossexualidade ativa.

[22] O Papa constata que o remédio usado para tratar a ferida dos abusos, "longe de curar, parece tê-la aprofundado mais em sua espessura e dor". No prólogo às "Cartas da tribulação", Bergoglio faz notar como a preocupação central dos padres-gerais, diante da tribulação que viviam os jesuítas e os que participavam de seus trabalhos apostólicos, era enfocar bem o problema: "Parecia como se temessem que o problema estivesse mal enfocado" (cf. BERGOGLIO, J. M. A doutrina da tribulação).

durante a ditadura de Pinochet... E toda essa fecundidade com a ternura de uma Santa Teresa dos Andes, com a alegria do povo fiel em suas expressões de religiosidade popular, com o olhar profético de Santo Alberto Hurtado, com o acompanhamento dos bispos do Sul do Chile aos Mapuches, com a coragem de um monsenhor Silva Henríquez... Francisco conclui que "o santo e paciente povo fiel de Deus sustentado e vivificado pelo Espírito Santo é o melhor rosto da Igreja profética que sabe pôr no centro o seu Senhor na entrega cotidiana".[23]

Depois desse exercício de memória histórica e agradecida, sob o título "E que eu diminua", o Papa tratou do pecado dos abusos, mas – como notamos acima – não como algo meramente pontual que se pode castigar como delito e/ou perdoar na confissão. O Papa faz um discernimento sobre a raiz do pecado: "Seria irresponsável de nossa parte *não aprofundar* em buscar as raízes e as estruturas que permitiriam que esses acontecimentos concretos se sucedessem e perpetuassem".

E o discernimento é que a Igreja chilena perdeu inspiração profética e se transformou em seu próprio centro: em vez de olhar para Cristo como centro, ensimesmou-se:

> Deixou de olhar e indicar o Senhor para olhar-se e ocupar-se de si mesma. Concentrou em si a atenção e perdeu a memória de sua origem e missão. Ensimesmou-se de tal forma que as consequências de todo esse processo tiveram um preço muito elevado: *o seu pecado se tornou o centro de atenção.*

Nesse ponto, Francisco introduz o critério de fundo para esse discernimento, que vai contra a "psicologia de elite" que prevaleceu numa parte significativa do clero chileno: o critério do todo e da

---

[23] Aqui o Papa remete à sua Exortação apostólica *Gaudete et exsultate*, 6-9.

parte e o lugar que a hierarquia ocupa no conjunto do povo fiel de Deus. "Essa consciência de limite e da parcialidade que ocupamos dentro do povo de Deus nos salva da tentação e pretensão de querer ocupar *todos* os espaços, e especialmente um lugar que não corresponde a nós: o do Senhor."

É significativo também que a palavra "sinodalidade" surja no final da carta, quando conclui opondo ao mecanismo do "bode expiatório" a corresponsabilidade de "confessar comunitariamente a fraqueza", diante de um problema que só podemos resolver "se o assumirmos colegialmente, em sinodalidade". Trata-se de uma sinodalidade que confessa o pecado comum, sinodalidade misericordiosa e convertida em profética por vocação.[24] Nesse marco profético e sinodal, conclui o Papa, "estamos reunidos para discernir, não para discutir".

Carta de agradecimento e envio. Declaração dos bispos

Junto com a declaração dos bispos chilenos, pondo os seus cargos à disposição do Santo Padre, foi publicada a carta que o Papa enviou aos bispos no final dos encontros.[25] Nela, o Santo Padre *agradece* a eles por terem acolhido o convite a fazer juntos "um discernimento franco" para "colaborar" nas medidas que se terão de tomar, *pontualiza* novamente a gravidade dos fatos; *destaca* como os bispos "se uniram numa só vontade e com firme propósito de reparar os danos causados"; e *os envia* "a seguir construindo uma Igreja profética, que sabe pôr no centro o importante: o serviço ao seu Senhor no faminto, no preso, no migrante, no abusado".

---

[24] Cf. FRANCISCO. *Encontro com os sacerdotes, religiosos/as, consagrados/as e seminaristas*. Santiago do Chile, 16 de janeiro de 2018.

[25] Id. *Carta aos bispos do Chile*, 17 de maio de 2018.

Os bispos chilenos, ao "pôr os seus cargos nas mãos do Santo Padre para que livremente decida com respeito a cada um deles",[26] realizaram "um gesto colegial e solidário, para assumir – não sem dor – os graves fatos ocorridos e para que o Santo Padre pudesse, livremente, dispor de todos nós".[27]

Carta de chamamento ao santo povo fiel de Deus

No começo e no final da carta, o Papa expressa que seu apelo ou chamada, como diz em *Gaudete et exsultate*, ao povo de Deus não é um recurso funcional nem um simples gesto de boa vontade; ao contrário, o Papa quis "situar as coisas em seu preciso e precioso lugar e pôr o tema onde tem de estar". Esse lugar teológico preciso e precioso é "a dignidade e a liberdade dos filhos de Deus, em cujos corações o Espírito Santo habita como num templo" (LG 9).[28]

Apelar a vós – diz o Papa a eles – "é invocar a *unção* que como povo de Deus possuís".[29] Pede a eles que não deixem que lhes roubem a unção e que não tenham medo de ser protagonistas: "Convosco poderão ser dados os passos necessários para uma renovação e conversão eclesial que seja sadia e a longo prazo".[30] E insiste que sejam criativos e digam o que sentem e pensam, pondo sempre Jesus Cristo no centro.[31]

A unção do Espírito que o Papa invoca imprime caráter ao povo de Deus: dá-lhe uma identidade dinâmica que o torna inclusivo.

---

[26] Cf. *Declaración de los obispos de la Conferencia Episcopal de Chile*, Roma, 18 de maio de 2018.

[27] Ibid.

[28] FRANCISCO. *Carta ao povo de Deus que peregrina no Chile*, p. 148.

[29] Ibid., p. 158.

[30] Ibid.

[31] Cf. ibid., p. 149.

Essa é a teologia do povo de Deus de *Lumen gentium*, que afirma que "o povo de Deus tem características que o distinguem de todos os grupos religiosos, étnicos, políticos ou culturais da história".[32] Ao mesmo tempo, essa identidade faz que tenda "sempre e eficazmente a reunir a humanidade inteira com todos os seus valores sob Cristo como Cabeça, na unidade do Espírito Santo (LG 13)".[33] Portanto, quando o Papa fala do povo de Deus, está falando inclusivamente: povo de ovelhas e pastores[34] e povo aberto a todos os povos.

Essa unção dinâmica – com uma "dinâmica popular", como diz em *Gaudete et exultate* – na qual Deus quis entrar,[35] deve encontrar "mediações concretas para manifestar-se".[36] O Papa exorta o povo de Deus a ter a coragem de dizer aos seus pastores: "eu gosto disto", "parece-me que este é o caminho que se há de fazer", "isto não dá". E aos pastores, nos exorta a aprender e escutar. Porque as perguntas de nosso povo, suas angústias, suas brigas, seus sonhos, suas lutas, suas preocupações, têm um valor hermenêutico.[37]

Quando o Papa fala da infalibilidade "*in credendo*" do povo fiel de Deus, está pensando, mais do que em formulações teóricas da fé, nos gemidos do Espírito no interior das vítimas que carregam a cruz, dos mais vulneráveis do povo fiel de Deus. É "a sede de Deus que apenas os pobres e simples podem conhecer"[38] o que o Papa quer destacar.

---

[32] *Catecismo da Igreja Católica* [CIC], n. 782.
[33] Ibid., n. 831.
[34] FRANCISCO. *Carta ao povo de Deus que peregrina no Chile*, p. 148.
[35] GE 6. É uma "unção operante", quer dizer, um "selo" que permanece para sempre como disposição positiva para a graça, promessa e garantia da proteção divina, e como vocação ao culto divino e ao serviço da Igreja (CIC 1121).
[36] FRANCISCO. *Carta ao povo de Deus que peregrina no Chile*, p. 149.
[37] Cf. GE 44.
[38] PAULO VI. Exortação ap. *Evangelii nuntiandi*, 48.

A partir do reconhecimento das próprias vítimas da presença boa de Deus, mediante pessoas que as ajudaram "em segredo", pode-se começar a sanar as feridas que outros causaram abusando em segredo. O critério guia dessa "santidade" são as bem-aventuranças, a começar pela dos que "sabem chorar com os demais e buscam a justiça com fome e sede e que miram e atuam com misericórdia".[39] Essa é a perspectiva que estrutura toda a Exortação apostólica *Gaudete et exsultate* sobre a chamada universal à santidade.

Uma nova prática e uma nova hermenêutica

A partir do caminho que o Papa e o povo fiel de Deus que peregrina no Chile com os seus pastores estão percorrendo, podemos tirar algumas conclusões acerca da visão da Igreja da qual estamos chamados a participar. Tomando as palavras do Papa Francisco, estamos diante do convite a nos envolver, a caminhar na busca e a construir entre todos uma Igreja profética: chagada, mas sinodal, esperançosa.[40]

O caráter profético dessa Igreja se gera em primeiro lugar "no silêncio cotidiano" do povo fiel de Deus que "tem a unção do Espírito"[41] e é quem testemunha com "teimosa" esperança que o Senhor não nos abandona no sofrimento. "Nesse povo fiel e silencioso" – afirma o Papa –, "reside o sistema imunitário da Igreja".[42]

Essa unção do Espírito, "que sopra onde quer",[43] promove uma nova prática e uma nova hermenêutica das quais brota uma nova

---

[39] Cf. FRANCISCO. *Carta al Pueblo de Dios que peregrina en Chile*, p. 156. Cf. *Gaudete et exsultate*, 76. 79. 82.

[40] Cf. id. *Carta aos bispos do Chile*, 8 de abril de 2018, introdução e conclusão; *Carta aos bispos do Chile*, 17 de maio de 2018, final; *Carta ao povo de Deus que peregrina no Chile*, introdução e p. 158.

[41] Id. *Carta ao povo de Deus que peregrina no Chile*, p. 150.

[42] Id. *Carta aos bispos do Chile*, 15 de maio de 2018, p. 135.

[43] Id. *Carta ao povo de Deus que peregrina no Chile*, introdução e p. 150 e 155.

maneira de refletir teologicamente, para tirar proveito, não para ficar em "vazios jogos de palavras e diagnósticos sofisticados"[44] que não olham de frente a dor.

A *nova prática* é um "novo modo de caminhar",[45] impelidos pelo Espírito: sem ignorar a dor, olhando e assumindo o conflito, escutando – porque não escutar impede a caminhada –, reconhecendo os limites – senão, não se pode caminhar –, para uma cultura do cuidado e a proteção junto com todos os atores que configuram a realidade social, reconhecendo a força atuante e operante do Espírito em tantas vidas. Sem esse olhar – sustenta o Papa –, ficaríamos a meio caminho e entraríamos numa lógica perversa. Um caminhar, portanto, mais sinodal, no sentido profundo da palavra.

A *nova hermenêutica* leva a sério o princípio da encarnação e afirma que "a doutrina, ou melhor, nossa compreensão e expressão dela, 'não é um sistema fechado, privado de dinâmicas capazes de gerar interrogações, dúvidas, questionamentos',[46] já que as perguntas de nosso povo, suas angústias, suas brigas, seus sonhos, suas lutas, suas preocupações, possuem um *valor hermenêutico* que não podemos ignorar",[47] se não quisermos construir estruturas sem vida.[48]

"Ser 'Igreja em saída'" – diz o Papa – "é também se deixar ajudar e interpelar"[49] pelo Espírito que sopra onde quer. Assim, esse novo modo de caminhar dá à luz um novo olhar. Diz Francisco:

---

[44] Ibid., p. 147.

[45] Cf. ibid., p. 151.

[46] O Papa cita *Gaudete et exsultate* 44, *Evangelii gaudium* 40 e *Dei Verbum* 12, que falam de que a tarefa dos exegetas faz "amadurecer o julgamento da Igreja", e dá um passo a mais, dizendo que também o povo de Deus contribui para este amadurecimento.

[47] FRANCISCO. *Carta ao povo de Deus que peregrina no Chile*, 15 de maio de 2018, p. 138.

[48] Cf. ibid. p. 148 s.

[49] Ibid. p. 155.

Nunca um indivíduo ou um grupo ilustrado pode pretender ser a totalidade do povo de Deus e menos ainda se crer a voz autêntica de sua interpretação. Nesse sentido, devemos prestar atenção ao que me permito chamar de "psicologia de elite", que pode trasladar-se à nossa maneira de abordar as questões.[50]

Longe dessa psicologia de elite, o Papa compartilha o que aprendeu como pastor: "Aprendi a descobrir que a pastoral popular é um dos poucos espaços onde o povo de Deus é soberano da influência do clericalismo, que sempre busca controlar e frear a unção de Deus sobre o seu povo". E nos exorta a aprender "a escutar o coração de nosso povo e, no mesmo ato, o coração de Deus".[51]

---

[50] FRANCISCO. *Carta aos bispos do Chile*, 15 de maio de 2018, p. 138.
[51] FRANCISCO. *Carta ao povo de Deus que peregrina no Chile*, p. 155.

CARTA AOS BISPOS DO CHILE 8 DE ABRIL DE 2018

Queridos irmãos no episcopado:

O recebimento, na semana passada, dos últimos documentos que completam o relatório que os meus dois enviados especiais ao Chile me entregaram em 20 de março de 2018, num total de mais de 2.300 páginas, leva-me a escrever-vos esta carta. Garanto-vos as minhas preces e desejo partilhar convosco a convicção de que as dificuldades presentes são também uma ocasião para restabelecer a confiança na Igreja, confiança infringida pelos nossos erros e pecados, e para curar algumas feridas que continuam a sangrar no conjunto da sociedade chilena.

Sem a fé e sem a oração, a fraternidade é impossível. Por isso, neste segundo domingo de Páscoa, dia da misericórdia, ofereço-vos esta reflexão com os votos de que cada um de vós me acompanhe no itinerário interior que estou percorrendo nas últimas semanas, a fim de que seja o Espírito quem nos guie com o seu dom e não os nossos interesses ou, pior ainda, o nosso orgulho ferido.

Por vezes, quando semelhantes males nos amassam a alma e nos lançam no mundo frouxos, amedrontados, entrincheirados nos nossos confortáveis "palácios de inverno", o amor de Deus vem ao nosso encontro e purifica as nossas intenções para amar como homens livres, maduros e críticos. Quando os meios de comunicação nos fazem sentir vergonha, apresentando uma Igreja quase sempre em novilúnio, desprovida da luz do sol de justiça (Santo Ambrósio, *Hexameron* IV, 8, 32), e temos a tentação de duvidar da vitória pascal do Ressuscitado, penso que, como São Tomé, não devemos temer a dúvida (cf. Jo 20,25), mas a pretensão de querer ver sem confiar no testemunho daqueles que escutaram dos lábios do Senhor a promessa mais bela (cf. Mt 28,20).

Hoje quero falar-vos não de certezas, mas da única coisa que o Senhor nos concede experimentar cada dia: a alegria, a paz, o perdão dos nossos pecados e a ação da sua graça.

A esse propósito, desejo expressar a minha gratidão a S.E. Monsenhor Charles Scicluna, arcebispo de Malta, e ao reverendíssimo padre Jordi Bertomeu Farnós, oficial da Congregação para a Doutrina da Fé, pelo seu ingente trabalho de escuta serena e empática das 64 testemunhas que ouviram recentemente em Nova Iorque e em Santiago do Chile. Enviei-os para ouvir de coração e com humildade. Posteriormente, quando me entregaram o relatório e, sobretudo, a sua avaliação jurídica e pastoral das informações recolhidas, reconheceram diante de mim que se sentiam esmagados pela dor de tantas vítimas de graves abusos de consciência e de poder e, em particular, dos abusos sexuais cometidos por diversos consagrados do vosso país contra menores de idade, que foram negados fora do tempo e, inclusive, lhes roubaram a inocência.

Como pastores, devemos expressar o mesmo sincero e cordial agradecimento a quantos, com honestidade, coragem e sentido de Igreja, solicitaram um encontro com os meus enviados e lhes mostraram as feridas da sua alma. Monsenhor Scicluna e o Reverendíssimo Bertomeu referiram-me que alguns bispos, sacerdotes, diáconos, leigos e leigas de Santiago e de Osorno foram à paróquia Holy Name de Nova Iorque ou à sede de Sotero Sanz, em Providência, com uma maturidade, um respeito e uma amabilidade que impressionavam.

Além disso, nos dias seguintes à "Missão especial", foram testemunhas de outro louvável acontecimento, que deveríamos ter presente para outras ocasiões, pois não só se manteve o clima de confidencialidade que se criou durante a visita, mas em momento algum se cedeu à tentação de transformar aquela missão delicada num circo midiático. A esse propósito, desejo agradecer às diversas organizações e aos meios de comunicação o seu profissionalismo ao tratar desse caso tão delicado, respeitando o direito dos cidadãos à informação e à boa reputação dos declarantes.

Agora, depois de uma atenta leitura dos atos dessa "Missão especial", penso poder afirmar que todos os testemunhos recolhidos falam com modéstia, sem aditivos nem lenitivos, de muitas vidas crucificadas, e confesso-vos que isto me causa dor e vergonha.

Tendo em consideração tudo isso, escrevo a vós, reunidos na 115ª assembleia plenária, para solicitar humildemente a vossa colaboração e assistência no discernimento das medidas que deverão ser adotadas em curto, médio e longo prazos para resgatar a comunhão eclesial no Chile, a fim de reparar, na medida do possível, o escândalo e restabelecer a justiça.

Tenciono convocar-vos a Roma para dialogar acerca das conclusões da supracitada visita e das minhas conclusões. Considero este encontro como um momento fraterno, sem preconceitos nem ideias preconcebidas, com a única finalidade de fazer resplandecer a verdade nas nossas vidas. Sobre a data, encomendo ao secretário da Conferência episcopal que me comunique as possibilidades.

No que me diz respeito, reconheço, e assim quero que o transmitais fielmente, que incorri em graves erros de avaliação e discernimento da situação, sobretudo por falta de informações verídicas e equilibradas. Desde já peço desculpa a todos aqueles a quem ofendi e espero poder fazê-lo pessoalmente, nas próximas semanas, nos encontros que terei com representantes das pessoas entrevistadas.

Permanecei em mim (Jo 15,4): estas palavras do Senhor ressoam continuamente nestes dias. Falam de relações pessoais, de comunhão, de fraternidade que atrai e convoca. Unidos a Cristo como os ramos à videira, convido-vos a inserir na vossa oração dos próximos dias uma magnanimidade que nos prepare para o mencionado encontro e que nos permita depois transformar em ações concretas aquilo sobre o que tivermos refletido. Talvez fosse até oportuno pôr a Igreja no Chile em estado de oração. Agora, mais que nunca, não podemos voltar a cair na tentação da verborreia ou de ficarmos nos "universais". Nestes dias, olhemos para Cristo. Olhemos para a sua vida e para os seus gestos, especialmente quando se mostra compassivo e misericordioso com quantos erraram. Amemos na verdade, peçamos a sabedoria do coração e deixemo-nos converter.

Aguardando notícias vossas e rogando a S.E. Monsenhor Santiago Silva Retamales, presidente da Conferência Episcopal do Chile, que publique a presente carta com a maior celeridade possível, concedo-vos a minha bênção e peço-vos, por favor, que não deixeis de rezar por mim.

Francisco

CARTA AOS BISPOS DO CHILE
15 DE MAIO DE 2018

Queridos irmãos:

Em 8 de abril passado, domingo da Misericórdia, enviei-vos uma carta convocando-vos a Roma para dialogar sobre as conclusões da visita realizada pela "Missão especial" que tinha como incumbência ajudar a encontrar luz para tratar adequadamente uma ferida aberta, dolorosa e complexa que há muito tempo não deixa de sangrar na vida de tantas pessoas e, portanto, na vida do povo de Deus.

Uma ferida tratada até agora com um medicamento que, longe de curar, parece tê-la aprofundado mais em sua espessura e dor. Devemos reconhecer que foram realizadas diversas ações para tratar de reparar o dano e o sofrimento ocasionados, mas temos que ser conscientes de que o caminho seguido não serviu muito para sanar e curar. Talvez por querer virar a página demasiado rápido e não assumir as insondáveis ramificações desse mal; ou porque não se teve coragem para enfrentar as responsabilidades, as omissões e especialmente as dinâmicas que permitiram que as feridas fossem feitas e se perpetuassem no tempo; talvez por não ter o ânimo para assumir como corpo essa realidade na qual todos estamos implicados, eu por primeiro, e que ninguém pode eximir-se deslocando o problema sobre as costas dos outros; ou porque se pensou que se podia seguir em frente sem reconhecer humilde e corajosamente que em todo o processo tinham sido cometidos erros.

Nesse sentido, escutando o parecer de várias pessoas e constatando a persistência da ferida, formei uma comissão especial para que, com grande liberdade de espírito, de modo jurídico e técnico, pudesse brindar um diagnóstico mais independente possível e oferecer um olhar limpo sobre os acontecimentos passados e sobre o estado atual da situação.

Este tempo que nos é oferecido é tempo de graça. Tempo para poder, sob o impulso do Espírito Santo e em clima de colegialidade, dar os passos necessários para gerar a conversão à qual o mesmo Espírito nos quer levar. Necessitamos de uma mudança, sabemos, a necessitamos e anelamos. Não só devemos isso às nossas comunidades e a tantas pessoas que sofreram e sofrem em sua carne as dores provocadas, como também pertence à missão e à identidade mesma da Igreja o espírito de conversão. Deixemos que este tempo seja tempo de conversão.

"É necessário que ele cresça e que eu diminua" (Jo 3,30). Com estas palavras, o último dos grandes profetas, João Batista, falava aos seus discípulos, quando, escandalizados, lhe comunicavam que havia alguém que fazia o mesmo que ele. João, consciente de sua identidade e missão – ele não era o Messias, mas fora enviado na frente dele (v. 28) –, não vacilou em lhes dar uma resposta clara e sem nenhum tipo de ambiguidade. Com esse fundo de profecia e inspirado nas palavras desse profeta, gostaria de dar o "pontapé inicial" para a reflexão fraterna convosco durante estes dias.

1. É necessário que ele cresça...

Talvez não haja maior alegria para o crente que compartilhar, testemunhar e tornar visível Jesus e o seu Reino. O encontro com o Ressuscitado transforma a vida e faz com que a fé se torne alegremente contagiosa. É a semente do Reino dos céus que espontaneamente tende a ser compartilhada, a multiplicar-se, e que, como a André, nos leva a correr para nossos irmãos e dizer: "Encontramos o Messias" (Jo 1,41). Um Messias que sempre nos abre horizontes de vida e esperança. O discípulo se deixa lançar nessa aventura pela ação do Espírito para fazer crescer e espalhar a vida nova que Jesus nos oferece. Nunca podemos identificar essa ação com proselitismo ou conquista de espaços, mas com o convite alegre à vida nova com que Jesus nos presenteia. "É necessário que ele cresça" é o que palpita no coração do discípulo porque experimentou que Jesus Cristo é oferta de vida boa. Só ele é capaz de salvar.

A Igreja no Chile sabe disso. A história nos diz que soube ser mãe que gerou muitos na fé, pregou a vida nova do Evangelho e lutou por esta quando se via ameaçada. Uma Igreja que soube "brigar" quando a dignidade de seus filhos não era respeitada ou era simplesmente menosprezada. Ela, longe de se pôr no centro, buscando ser o centro, soube ser a Igreja que pôs o importante no centro. Nos momentos escuros da vida do seu povo, a Igreja no Chile teve a coragem profética não só de levantar a voz, mas também de convocar para criar espaços em defesa de homens e mulheres pelos quais o Senhor a encarregara de velar; sabia bem que não se podia proclamar o mandamento novo do amor sem promover mediante a justiça e a paz o verdadeiro crescimento de cada pessoa.[1] Assim, podemos falar de Igreja profética que sabe oferecer e engendrar a vida boa que o Senhor nos oferece.

Uma Igreja profética que sabe pôr Jesus no centro é capaz de promover uma ação evangelizadora que olha para o Mestre com a ternura de Teresa dos Andes e afirmar:

> Tens medo de aproximar-te dele? Olha-o no meio do seu rebanho fiel, carregando nos seus ombros a ovelha infiel. Olha-o sobre a tumba de Lázaro. E ouve o que diz a Madalena: muito lhe foi perdoado, porque amou muito. O que descobres nestes traços do Evangelho senão um coração doce, terno, compassivo, um coração, enfim, de um Deus?[2]

---

[1] Cf. PAULO VI. Exortação apostólica *Evangelii Nuntiandi*, 29.
[2] SANTA TERESA DE LOS ANDES. *Diarios y cartas*, 373-376.

Uma Igreja profética que sabe pôr Jesus no centro é capaz de fazer festa pela alegria que o Evangelho provoca. Como disse em Iquique, mas que bem podemos estender a tantos lugares do Norte ao Sul do Chile, a piedade popular é uma das maiores riquezas que o povo de Deus soube cultivar. Com suas festas de padroeiro, com suas danças religiosas – que se prolongam até por semanas –, com sua música e vestes conseguem converter tantas áreas em santuários de piedade popular. Porque não são festas que ficam encerradas dentro do templo, mas que conseguem vestir todo um povo de festa.[3] E assim fica um entrelaçamento capaz de celebrar com alegria e esperança a presença de Deus no meio do seu povo. Nos santuários aprendemos a fazer uma Igreja de proximidade, de escuta, que sabe sentir e compartilhar uma vida tal qual se apresenta. Uma Igreja que aprendeu que a fé é transmitida apenas em dialeto e, assim, celebra cantando e dançando "a paternidade, a providência, a presença amorosa e constante de Deus".[4]

Uma Igreja profética que sabe pôr Jesus no centro é capaz de gerar na santidade um homem que soube proclamar com a sua vida: "Cristo vaga por nossas ruas na pessoa de tantos pobres, enfermos, desalojados de seu mísero cortiço. Cristo enroscado debaixo das pontes, na pessoa de tantas crianças que não têm a quem chamar de 'pai', que carecem há muitos anos do beijo da mãe em sua fronte... Cristo não tem lar! Não queremos nós dar lar a ele?... 'O que fazeis ao mínimo de meus irmãos, a mim o fazeis', disse Jesus";[5] já que "se verdadeiramente partimos da contemplação de Cristo,

---

[3] Cf. FRANCISCO. *Homilía y saludo final en la Santa Misa de la Virgen del Carmen y Oración por Chile*, campus Lobito-Iquique, 18 de janeiro de 2018.

[4] *Evangelii Nuntiandi*, 48; CELAM, Puebla, 400.454; CELAM, Aparecida, 99b.262-265; *Evangelii Gaudium*, 122.

[5] SAN ALBERTO HURTADO. *Cristo no tiene hogar, meditación en un retiro a señoras* (16 de outubro 1944).

devemos saber vê-lo sobretudo no rosto daqueles com quem ele mesmo se quis identificar".[6]

Uma Igreja profética que sabe pôr Jesus no centro é capaz de convocar para criar espaços que acompanhem e defendam a vida dos diferentes povos que formam o seu vasto território, reconhecendo uma riqueza multicultural e étnica sem igual pela qual é necessário velar. Como exemplo, cito as iniciativas promovidas especialmente pelos bispos do Sul do Chile, durante a década de 1960, estimulando os mecanismos necessários para que o povo Mapuche pudesse viver em plenitude a arte do bem viver – do qual tanto temos que aprender. Ações fortes que geraram estruturas em favor da defesa da vida, convidando ao protagonismo responsável por uma fé encarnada, transformadora; essa fé que sabe dar vida à chamada do Concílio que nos recorda que "as alegrias e as esperanças, as tristezas e as angústias dos homens de nosso tempo, sobretudo dos pobres e dos que sofrem, são também as alegrias e esperanças, tristezas e angústias dos discípulos de Cristo. Não há nada de verdadeiramente humano que não encontre eco no seu coração".[7]

Uma Igreja profética que sabe pôr Jesus no centro com sinceridade é capaz – como soube mostrar-nos um de vossos pastores – de

> confessar que, em nossa história pessoal, e na história de nosso Chile, houve injustiça, mentira, ódio, culpa, indiferença. [E vos convidava a ser] sinceros, humildes e dizer ao Senhor: pecamos contra ti! Pecar contra nosso irmão, o homem e a mulher, é pecar contra Cristo, que morreu e ressuscitou por todos os homens. Sejamos sinceros, humildes: pequei, Senhor, contra ti! Não obedeci ao teu Evangelho![8]

---

[6] JOÃO PAULO II. Carta apostólica *Novo Millennio ineunte*, 49.
[7] CONCÍLIO VATICANO II. *Gaudium et spes*, 1.
[8] HENRÍQUEZ, Cardeal Silva. *Reconciliación de los chilenos. Homilía al terminar el Año Santo*, 24 de noviembre de 1974.

A consciência consciente de seus limites e pecados a faz viver alerta diante da tentação de suplantar o seu Senhor.

E assim poderíamos seguir enumerando muitos fermentos vivos de Igreja profética que sabe pôr Jesus no centro. Porém, o convite maior e mais fecundamente vital – como quis sublinhar na recente Exortação apostólica ao recordar Edith Stein – nasce da confiança e convicção de que

> na noite mais escura surgem os maiores profetas e os santos; no entanto, a corrente vivificante da vida mística permanece invisível. Os acontecimentos decisivos da história do mundo foram essencialmente influenciados por almas sobre as quais nada dizem os livros de história. E quais sejam as almas às quais devemos agradecer os acontecimentos decisivos de nossa vida pessoal, é algo que só saberemos no dia em que todo o oculto será revelado.[9]

O santo povo fiel de Deus, desde seu silêncio cotidiano, de muitas formas e maneiras continua tornando visível e testemunha com "teimosa" esperança que o Senhor não abandona, que sustenta a entrega constante e, em tantas situações, sofredora de seus filhos. O santo e paciente povo fiel de Deus, sustentado e vivificado pelo Espírito Santo, é o melhor rosto da Igreja profética que sabe pôr no centro o seu Senhor na entrega cotidiana.[10] Nossa atitude como pastores é aprender a confiar nessa realidade eclesial e a reverenciar e reconhecer que num povo simples, que confessa a sua fé em Jesus Cristo, ama a Virgem, ganha a sua vida com o trabalho (tantas vezes mal pago), batiza os seus filhos e enterra os seus mortos; nesse povo fiel que se sabe pecador, mas não se cansa de pedir perdão porque crê na misericórdia do Pai, nesse povo fiel e silencioso reside o sistema imunitário da Igreja.

---

[9] *Verborgenes Leben Und Epiphanie*. In: GW XI, p. 145.
[10] Cf. *Gaudete et exsultate*, 6-9.

2. E que eu diminua

Dói constatar que, neste último período da história da Igreja chilena, essa inspiração profética perdeu força para dar lugar ao que poderíamos denominar uma transformação em seu centro. Não sei o que foi primeiro, se a perda de força profética deu lugar à mudança de centro, ou se a mudança de centro levou à perda da profecia que era tão característica de vós. O que podemos observar é que a Igreja, que era chamada a indicar aquele que é o Caminho, a Verdade e a Vida (Jo 14,6), se tornou ela mesma o centro de atenção. Deixou de olhar e indicar o Senhor para olhar-se e ocupar-se consigo mesma. Concentrou em si a atenção e perdeu a memória de sua origem e missão.[11] Ensimesmou-se de tal forma que as consequências de todo esse processo tiveram um preço muito elevado: *o seu pecado se tornou o centro de atenção.* A dolorosa e vergonhosa constatação de abusos sexuais a menores, de abusos de poder e de consciência por parte de ministros da Igreja, assim como a forma em que essas situações foram abordadas,[12] deixam em evidência essa "mudança de centro eclesial". Longe de ela diminuir para que aparecessem os sinais do Ressuscitado, o pecado eclesial ocupou todo o cenário concentrando em si a atenção e os olhares.

É urgente abordar e buscar reparar no curto, médio e longo prazos esse escândalo para restabelecer a justiça e a comunhão.[13] Por sua vez, creio que, com a mesma urgência, devemos trabalhar em

---

[11] "A tua fama se estendeu entre as nações, porque a tua beleza era perfeita graças ao esplendor com que eu te vesti – oráculo do Senhor. Mas tu puseste a tua confiança em tua formosura e te aproveitaste da tua fama" (Ex 16,14-15b).

[12] É sintomático notar no relatório apresentado pela "Missão especial" que todos os declarantes, inclusive os membros do Conselho Nacional para a Prevenção do Abuso de Menores de Idade e Acompanhamento das Vítimas, indicaram a insuficiente atenção pastoral prestada até o momento a todos os que se viram envolvidos, de um modo ou outro, numa causa canônica de *delicta graviora*.

[13] Cf. *Carta aos bispos do Chile*, 8 de abril de 2018, *supra*.

outro nível para discernir como gerar novas dinâmicas eclesiais em consonância com o Evangelho e que nos ajudem a ser melhores discípulos missionários capazes de recuperar a profecia.

Essa vida nova que o Senhor nos dá implica recuperar a clareza do Batista e afirmar sem ambiguidade que o discípulo não é nem será nunca o Messias. Isso nos leva a promover uma alegre e realista consciência de nós mesmos: o discípulo não é mais que o seu Senhor. E por isso mesmo, em primeiro lugar, temos que estar atentos a todo tipo ou forma de messianismo que pretenda erguer-se como único intérprete da vontade de Deus. Muitas vezes podemos cair na tentação de uma vivência eclesial da autoridade que pretende suplantar as distintas instâncias de comunhão e participação, ou, o que é pior, suplantar a consciência dos fiéis, esquecendo o ensinamento conciliar que nos recorda que "a consciência é o núcleo mais secreto e o sacrário do homem, na qual se encontra a sós com Deus, cuja voz ressoa no íntimo dela".[14] É decisivo recuperar uma dinâmica eclesial capaz de ajudar os discípulos a discernir o sonho de Deus para suas vidas, sem pretender suplantá-los em tal busca. Nos fatos, os falsos messianismos pretendem cancelar essa eloquente verdade de que a totalidade dos fiéis tem a unção do santo.[15] Nunca um indivíduo ou um grupo ilustrado pode pretender ser a totalidade do povo de Deus e, menos ainda, crer-se a voz autêntica de sua interpretação, Nesse sentido, devemos prestar atenção ao que me permito chamar de "psicologia de elite", que pode ocultar-se em nossa maneira de abordar as questões. A psicologia de elite ou elitista termina gerando dinâmicas de divisão, separação, "círculos fechados" que desembocam em espiritualidades narcisistas e autoritárias, nas quais, em vez de evangelizar, é importante sentir-se especial, diferente dos outros, deixando assim, em evidência, que nem Jesus nem os outros

---

[14] CONCÍLIO VATICANO II. *Gaudium et spes*, 16.
[15] Cf. CONCÍLIO VATICANO II. *Lumen gentium*, 12.

interessam verdadeiramente.[16] Messianismo, elitismos, clericalismos, são todos sinônimos de perversão no ser eclesial; e também sinônimo de perversão é a perda da sã consciência de saber que pertencemos ao santo povo fiel de Deus que nos precede e que – graças a Deus – nos sucederá. Nunca percamos a consciência desse dom tão excelso que é o nosso Batismo.

O reconhecimento sincero, orante e inclusive muitas vezes dolorido de nossos limites permite que a graça atue melhor em nós, já que deixa a ela espaço para provocar esse bem possível que se integra numa dinâmica sincera, comunitária e de real crescimento.[17] Essa consciência de limite e de parcialidade que ocupamos dentro do povo de Deus nos salva da tentação e pretensão de querer ocupar todos os espaços, e, especialmente, um lugar que não nos corresponde: o do Senhor. Só Deus é capaz da totalidade, só ele é capaz da totalidade de um amor exclusivo e não excludente ao mesmo tempo. Nossa missão é e será sempre missão compartilhada. Como vos disse no encontro com o clero em Santiago: "a consciência de ter chagas nos livra de nos tornarmos autorreferenciais, de nos crer superiores. Livra-nos dessa tendência prometeica daqueles que no fundo confiam apenas em suas forças e se sentem superiores aos outros".[18]

Por isso, e permitam-me a insistência, urge gerar dinâmicas eclesiais capazes de promover a participação e missão compartilhada de todos os integrantes da comunidade eclesial, evitando qualquer tipo de messianismo ou psicologia-espiritualidade de elite. E, concretamente, por exemplo, nos fará bem abrir-nos mais e trabalhar conjuntamente com distintas instâncias da sociedade civil para promover uma cultura antiabusos do tipo que for. Quando vos convoquei para

---

[16] Cf. *Evangelii gaudium*, 94.
[17] Cf. *Gaudete et exsultate*, 52.
[18] *Encontro com os sacerdotes, religiosos/as, consagrados/as e seminaristas*. Santiago do Chile, 16 de janeiro de 2018.

este encontro, convidava-vos a pedir ao Espírito o dom da magnanimidade para podermos traduzir em fatos concretos o que refletirmos. Exorto-vos a pedirmos com insistência este dom para o bem da Igreja no Chile. Recebi com certa preocupação a atitude com a qual alguns de vós, bispos, registes diante dos acontecimentos presentes e passados. Uma atitude orientada para o que podemos denominar "episódio Jonas" – no meio da tormenta era necessário jogar fora o problema (Jn 1,4-16)[19] –, crendo que só a remoção de pessoas solucionaria por si os problemas.[20] Assim, passa para o esquecimento o princípio paulino: "se o pé disser: 'porque não sou mão, não sou do corpo', acaso por isso não continuará sendo parte dele?" (1Cor 12,15). Os problemas que hoje são vividos dentro da comunidade eclesial não se solucionam apenas abordando os casos concretos e reduzindo-os à remoção de pessoas;[21] isto – e o digo claramente – há de ser feito, mas não é suficiente, é preciso ir além. Seria irresponsável de nossa parte não aprofundar em buscar as raízes e as estruturas que permitiram que esses acontecimentos concretos se sucedessem e perpetuassem.

As dolorosas situações acontecidas são indicadores de que algo no corpo eclesial está mal.[22] Devemos abordar os casos concretos e, por sua vez, com a mesma intensidade, ir mais fundo para

---

[19] O próprio Jonas se responsabiliza por ter provocado a tempestade, porque não assumiu a missão que cabia a ele, e que, para livrar-se da tormenta, deviam lançá-lo ao mar: v. 12: "Pegai-me e lançai-me ao mar, e o mar se acalmará em torno de vós; pois eu sei que é por minha causa que esta grande tempestade se levantou contra vós".

[20] "Morto o cão acabou a raiva". Também se poderia falar da "síndrome Caifás": convém que um só homem morra pelo povo.

[21] Porque não se trata apenas de um caso em particular. São numerosas as situações de abuso de poder, de autoridade; de abuso sexual. E isso inclui o tratamento que até agora se veio tendo dos mesmos.

[22] A modo de exemplo, no relatório apresentado pela "Missão especial", muitos dos entrevistados em Sotero Sanz sustentam que parte da fratura profunda na comunhão eclesial se arrastaria no clero desde o seminário mesmo, viciando o que deveriam ser as relações fraternas presbiterais, participando os fiéis dessas divisões

descobrir as dinâmicas que tornaram possível que tais atitudes e males pudessem ocorrer.[23] Confessar o pecado é necessário, buscar remediá-lo é urgente, conhecer as raízes do mesmo é sabedoria para o presente-futuro. Seria grave omissão de nossa parte não aprofundar nas raízes. Mais ainda, crer que só a remoção das pessoas, sem mais, geraria a saúde do corpo é uma grande falácia. Não há dúvida de que ajudaria e é necessário fazê-lo, mas repito, não é suficiente,[24] já que esse pensamento nos dispensaria da responsabilidade e da

---

e fraturas, que terminam por danar irremediavelmente a credibilidade social e a liderança eclesial dos presbíteros e dos bispos.

[23] No relatório da "Missão especial", meus enviados puderam confirmar que alguns religiosos expulsos de sua Ordem por causa da imoralidade de sua conduta, e após se ter minimizado a absoluta gravidade de seus feitos delitivos atribuindo-os à simples fraqueza ou falta moral, teriam sido acolhidos em outras dioceses e, inclusive, de modo mais que imprudente, lhes teriam sido confiados cargos diocesanos ou paroquiais que implicam um contato cotidiano e direto com menores de idade.

[24] Novamente, nesse sentido, gostaria de me deter em três situações que se desprendem do relatório da "Missão especial":

1. A investigação demonstra que existem graves defeitos no modo de gerir os casos de *delicta graviora* que corroboram alguns dados preocupantes que começaram a ser conhecidos em alguns Dicastérios romanos. Especialmente no modo de receber as denúncias ou *notitiae criminis*, pois, em não poucos casos, foram classificados muito superficialmente como inverossímeis, os que eram graves indícios de um efetivo delito. Durante a visita foi constatada também a existência de presumidos delitos investigados só fora do tempo ou inclusive nunca investigados, com o consequente escândalo para os denunciantes e para todos aqueles que conheciam as presumidas vítimas, famílias, amigos, comunidades paroquiais. Em outros casos se constatou a existência de gravíssimas negligências na proteção dos meninos e das meninas vulneráveis por parte dos bispos e superiores religiosos, os quais têm uma especial responsabilidade na tarefa de proteger o povo de Deus.

2. Outra circunstância análoga que me causou perplexidade e vergonha foi a leitura das declarações que certificam pressões exercidas sobre aqueles que deviam levar em frente a instrução dos processos penais ou inclusive a destruição de documentos comprometedores por parte dos encarregados de arquivos eclesiásticos, evidenciando, assim, uma absoluta falta de respeito pelo procedimento canônico e, mais ainda, práticas reprováveis que deverão ser evitadas no futuro.

participação que nos corresponde dentro do corpo eclesial. E ali onde a responsabilidade não é assumida ou compartilhada, o culpado do que não funciona ou está mal é sempre o outro.[25] Por favor, cuidemos da tentação de querer salvar a nós mesmos, salvar a nossa reputação ("salvar a pele"); que possamos confessar comunitariamente a fraqueza e, assim, juntos poderemos encontrar respostas humildes, concretas e em comunhão com todo o povo de Deus. A gravidade dos acontecimentos não nos permite tornar-nos peritos caçadores de "bodes expiatórios". Tudo isso nos exige seriedade e corresponsabilidade para assumir os problemas como sintomas de um todo eclesial que somos convidados a analisar e, também, nos pede buscar todas as mediações necessárias para que nunca mais voltem a perpetuar-se. Só podemos conseguir isso se o assumirmos como um problema de todos, e não como o problema que alguns vivem. Só poderemos solucioná-lo se o assumirmos colegialmente, em comunhão, em sinodalidade.

Irmãos, não estamos aqui porque somos melhores que ninguém. Como vos disse no Chile, estamos aqui com a consciência de sermos pecadores perdoados ou pecadores que querem ser perdoados, pecadores com abertura penitencial. E nisso encontramos a fonte de nossa alegria. Queremos ser pastores no estilo de Jesus ferido, morto e ressuscitado. Queremos encontrar nas feridas de nosso povo os sinais da Ressurreição. Queremos passar de ser uma Igreja centrada

---

3. Na mesma linha e para poder corroborar que o problema não pertence apenas a um grupo de pessoas, no caso de muitos abusadores foram detectados já graves problemas neles em sua etapa de formação no seminário ou noviciado. De fato, constam nas atas da "Missão especial" graves acusações contra alguns bispos ou superiores que teriam confiado instituições educativas a sacerdotes suspeitos de homossexualidade ativa.

[25] Eco dessa atitude paradigmática que nos recorda Gn 3,11-13: "Acaso comeste da árvore que te proibi?". O homem respondeu: "A mulher que puseste a meu lado me deu o fruto e eu comi dele". O Senhor Deus disse à mulher: "Como fizeste semelhante coisa?". A mulher respondeu: "A serpente me seduziu e eu comi". Em linguagem comum, nos lembra a atitude da criança que olha para seus pais e diz: "Não fui eu".

em si, abatida e desolada por seus pecados, a uma Igreja servidora de tantos abatidos que convivem ao nosso lado. Uma Igreja capaz de pôr no centro o importante: o serviço ao seu Senhor no faminto, no preso, no sedento, no desalojado, no desnudo, no enfermo, no abusado... (Mt 25,35) com a consciência de que eles têm a dignidade para sentar-se à nossa mesa, de sentir-se "em casa" entre nós, de sermos considerados família. Esse é o sinal de que o Reino dos céus está entre nós, é o sinal de uma Igreja que foi ferida por seu pecado, misericordiada por seu Senhor e convertida em profética por vocação.[26] Irmãos, as ideias se discutem, as situações se discernem. Estamos reunidos para discernir, não para discutir.

Renovar a profecia é voltar a nos encontrar no importante; é contemplar o que traspassaram e escutar "não está aqui, ressuscitou" (Mt 28,6); é criar as condições e as dinâmicas eclesiais para que cada pessoa, na situação que se encontrar, possa descobrir aquele que vive e nos espera na Galileia.

Francisco

---

[26] *Encontro com os sacerdotes, religiosos/as, consagrados/as e seminaristas.* Santiago do Chile, 16 de janeiro de 2018.

CARTA AOS BISPOS DO CHILE 17 DE MAIO DE 2018

Queridos irmãos no episcopado:

Quero agradecer-vos por terdes acolhido o convite para que, juntos, fizéssemos um discernimento franco diante dos graves fatos que causaram dano à comunhão eclesial e debilitaram o trabalho da Igreja do Chile nos últimos anos.

À luz dos acontecimentos dolorosos concernentes aos abusos – de menores, de poder e de consciência –, temos aprofundado a gravidade dos mesmos, bem como as trágicas consequências que tiveram particularmente para as vítimas. A algumas delas eu mesmo pedi perdão de coração, a cujo pedido vós vos unistes numa só vontade e com o firme propósito de reparar os danos causados.

Agradeço a plena disponibilidade que cada um manifestou a aderir e colaborar em todas aquelas mudanças e resoluções que teremos que tomar a curto, médio e longo prazos, necessárias para restabelecer a justiça e a comunhão eclesial.

Depois destes dias de oração e reflexão, convido-os a seguir construindo uma Igreja profética, que sabe pôr no centro o importante: o serviço a seu Senhor no faminto, no preso, no migrante, na vítima de abuso.

Por favor, não vos esqueçais de rezar por mim.

Que Jesus vos bendiga e a Virgem Santa cuide de vós.

Fraternalmente,
Francisco

CARTA AO POVO DE DEUS QUE PEREGRINA NO CHILE 31 DE MAIO DE 2018

Queridos irmãos e irmãs:

No passado 8 de abril convocava meus irmãos bispos a Roma para buscar juntos no curto, médio e longo prazos, caminhos de verdade e vida ante uma ferida aberta, dolorosa, complexa, que há muito tempo não deixa de sangrar.[1] E vos sugeria que convidassem todo o santo povo fiel de Deus a pôr-se em estado de oração para que o Espírito Santo nos desse a força de não cair na tentação de nos envolvermos em vazios jogos de palavras, em diagnósticos sofisticados ou em vãos gestos que não nos permitissem a coragem necessária para olhar de frente a dor causada, o rosto de suas vítimas, a magnitude dos acontecimentos. Eu vos convidava a olhar para onde o Espírito Santo nos impele, já que "fechar os olhos diante do próximo nos converte também em cegos diante de Deus".[2]

Com alegria e esperança, recebi a notícia de que foram muitas as comunidades, os povoados e capelas onde o povo de Deus esteve rezando, especialmente nos dias em que estávamos reunidos com os bispos: o povo de Deus de joelhos que implora o dom do Espírito Santo para encontrar luz na Igreja "ferida por seu pecado, misericordiada por seu Senhor, e para que seja cada dia convertida em profética por vocação".[3] Sabemos que a oração nunca é em vão e que "no

---

[1] Cf. *Carta aos bispos do Chile*, 8 de abril de 2018, *supra*.

[2] BENTO XVI. *Deus caritas est*, 16.

[3] Cf. *Encontro com os sacerdotes, religiosos/as, consagrados/as e seminaristas*. Santiago do Chile, 16 de janeiro de 2018.

meio da escuridão sempre começa a brotar algo novo, que cedo ou tarde produz fruto".[4]

1. Apelar a vós, pedir-vos oração, não foi um recurso funcional, como tampouco um simples gesto de boa vontade. Pelo contrário, quis situar as coisas em seu preciso e precioso lugar e pôr o tema onde tem de estar: a condição do povo de Deus "é a dignidade e a liberdade dos filhos de Deus, em cujos corações habita o Espírito Santo como num templo".[5] O santo povo fiel de Deus está ungido com a graça do Espírito Santo; portanto, na hora de refletir, pensar, avaliar, discernir, devemos estar muito atentos a essa unção. Cada vez que como Igreja, como pastores, como consagrados, esquecemos essa certeza, erramos o caminho. Cada vez que tentamos suplantar, calar, menosprezar, ignorar ou reduzir a pequenas elites o povo de Deus em sua totalidade e diferenças, construímos comunidades, planos pastorais, acentuações teológicas, espiritualidades, estruturas sem raízes, sem história, sem rostos, sem memória, sem corpo, definitivamente, sem vidas. Desenraizar-nos da vida do povo de Deus nos precipita na desolação e perversão da natureza eclesial; a luta contra uma cultura do abuso exige renovar essa certeza.

O que disse aos jovens em Maipú, quero dizer de maneira especial a cada um:

> a Santa Madre Igreja hoje necessita do povo fiel de Deus, necessita que nos interpele. [...] A Igreja necessita que tireis a carteira de maiores de idade, espiritualmente maiores, e tenhais a coragem de dizer-nos: "gosto disto", "este me parece o caminho que se há de trilhar", "isto não dá"... Que nos digam o que sentem e pensam.[6]

---

[4] FRANCISCO. *Evangelii gaudium*, 278.
[5] Cf. CONCÍLIO VATICANO II. *Lumen gentium*, 9.
[6] Cf. *Encontro do Santo Padre Francisco com os jovens*. Santuário Nacional de Maipú, 17 de janeiro de 2018.

Isso é capaz de envolver a nós todos numa Igreja com ar sinodal que sabe pôr Jesus no centro.

No povo de Deus não existem cristãos de primeira, segunda ou terceira categoria. A sua participação ativa não é questão de concessões de boa vontade, mas é constitutiva da natureza eclesial. É impossível imaginar o futuro sem essa unção operante em cada um de vós que certamente reclama e exige renovadas formas de participação. Insto todos os cristãos a não terem medo de ser os protagonistas da transformação que hoje se reclama e a impulsionar e promover alternativas criativas na busca cotidiana de uma Igreja que quer cada dia pôr o importante no centro. Convido todos os organismos diocesanos – sejam da área que forem – a buscar, consciente e lucidamente, espaços de comunhão e participação para que a unção do povo de Deus encontre suas mediações concretas para manifestar-se.

A renovação na hierarquia eclesial por si mesma não gera a transformação à qual o Espírito Santo nos impele. Exige que promovamos conjuntamente uma transformação eclesial que envolva a todos nós.

Uma Igreja profética e, portanto, esperançosa reclama de todos uma mística de olhos abertos, questionadora e não adormecida.[7] Não deixeis que vos roubem a unção do Espírito.

2. "O vento sopra onde quer: ouves a sua voz, mas não sabes de onde vem nem aonde vai. O mesmo sucede com tudo o que nasceu do Espírito" (Jo 3,8). Assim respondia Jesus a Nicodemos no diálogo que tinham sobre a possibilidade de nascer de novo para entrar no Reino dos céus.

Neste tempo, à luz desta passagem, nos faz bem voltarmos a ver a nossa história pessoal e comunitária: o Espírito Santo sopra onde quer e como quer com o único fim de ajudar-nos a nascer de novo. Longe de deixar-se encerrar em esquemas, modalidades, estruturas fixas ou caducas, longe de resignar-se a "baixar a guarda" diante dos

---

[7] Cf. *Gaudete et exsultate*, 96.

acontecimentos, o Espírito está continuamente em movimento para ampliar os olhares estreitos, fazer sonhar aquele que perdeu a esperança,[8] fazer justiça na verdade e na caridade, purificar do pecado e da corrupção, e convidar sempre à necessária conversão. Sem esse olhar de fé, tudo o que pudermos dizer e fazer cairia em saco furado. Essa certeza é imprescindível para olhar o presente sem evasões, mas com valentia, com coragem, mas sabiamente, com tenacidade, mas sem violência, com paixão, mas sem fanatismo, com constância, mas sem ansiedade, e assim mudar tudo aquilo que hoje ponha em risco a integridade e a dignidade de cada pessoa; já que as soluções necessárias reclamam encarar os problemas sem ficar presos neles ou, o que seria pior, repetir os mesmos mecanismos que queremos eliminar.[9] Hoje somos desafiados a olhar de frente, assumir e sofrer o conflito, e assim poder resolvê-lo e transformá-lo em etapa de um novo caminhar.[10]

3. Em primeiro lugar, seria injusto atribuir esse processo apenas aos últimos acontecimentos vividos. Todo o processo de revisão e purificação que estamos vivendo é possível graças ao esforço e perseverança de pessoas concretas que, inclusive contra toda esperança ou imbuídas de descrédito, não se cansaram de buscar a verdade; refiro-me às vítimas dos abusos sexuais, de poder, de autoridade, e àqueles que em seu momento acreditaram neles e os acompanharam. Vítimas cujo clamor chegou ao céu.[11] Gostaria, uma vez mais, de agradecer publicamente a coragem e a perseverança de todos eles.

Este último tempo é tempo de escuta e discernimento para chegar às raízes que permitiram que tais atrocidades ocorressem e se

---

[8] Cf. FRANCISCO. *Homilia na santa missa da solenidade de Pentecostes*, 2018.

[9] É bom reconhecer que algumas organizações e meios de comunicação assumiram o tema dos abusos de uma forma responsável, buscando sempre a verdade e não fazendo dessa dolorosa realidade um recurso midiático para o aumento do *rating* em sua programação.

[10] Cf. *Evangelii gaudium*, 27.

[11] O Senhor disse: "Vi a opressão do meu povo que está no Egito e ouvi os gritos de dor provocados por seus capatazes. Sim, conheço muito bem os seus sofrimentos" (Ex 3,7).

perpetuassem, e, assim, encontrar soluções para o escândalo dos abusos não com estratégias meramente de contenção – imprescindíveis, porém insuficientes –, mas com todas as medidas necessárias para poder assumir o problema em sua complexidade.

Nesse sentido, gostaria de deter-me na palavra "escuta", já que discernir supõe aprender a escutar o que o Espírito quer dizer a nós. E só poderemos fazer isso se formos capazes de escutar a realidade do que se passa.[12]

Creio que aqui reside uma de nossas principais faltas e omissões: não saber escutar as vítimas. Assim se construíram conclusões parciais às quais faltavam elementos cruciais para um sadio e claro discernimento. Com vergonha, devo dizer que não soubemos escutar e reagir a tempo.

A visita de Monsenhor Scicluna e Monsenhor Bertomeu nasce ao se constatar que existiam situações que não sabíamos ver e escutar. Como Igreja, não podíamos seguir caminhando ignorando a dor de nossos irmãos. Depois da leitura do relatório, quis encontrar-me pessoalmente com algumas vítimas de abuso sexual, de poder e de consciência, para escutá-los e pedir-lhes perdão por nossos pecados e omissões.

4. Nesses encontros, constatei como a falta de reconhecimento/ escuta de suas histórias, como também do reconhecimento/aceitação dos erros e das omissões em todo o processo, nos impedem de caminhar. Um reconhecimento que quer ser mais que uma expressão de boa vontade para com as vítimas, quer ser antes uma nova forma de estar diante da vida, diante dos outros e diante de Deus. A esperança no amanhã e a confiança na Providência nascem e crescem ao assumir a fragilidade, os limites e, inclusive, o pecado para nos ajudar a

---

[12] Recordemos que essa foi a primeira palavra-mandamento que o povo de Israel recebeu por parte de Javé: "Escuta, Israel" (Dt 6,4).

seguir em frente.[13] O "nunca mais" à cultura do abuso, assim como ao sistema de encobrimento que o permite perpetuar-se, exige trabalhar entre todos para gerar uma cultura do cuidado que impregne as nossas formas de relacionar-nos, de rezar, de pensar, de viver a autoridade; nossos costumes e linguagens e nossa relação com o poder e o dinheiro. Hoje sabemos que a melhor palavra que podemos dar diante da dor causada é o compromisso para a conversão pessoal, comunitária e social que aprenda a escutar e cuidar especialmente dos mais vulneráveis. Urge, portanto, gerar espaços onde a cultura do abuso e do encobrimento não seja o esquema dominante; onde não se confunda uma atitude crítica e questionadora com traição. Isso nos tem de impelir como Igreja a buscar com humildade a todos os atores que compõem a realidade social e a promover instâncias de diálogo e construtiva confrontação para caminhar rumo a uma cultura do cuidado e proteção.

Pretender essa empresa somente a partir de nós ou com nossas forças e ferramentas nos encerraria em perigosas dinâmicas voluntaristas que pereceriam no curto prazo.[14] Deixemo-nos ajudar e ajudemos a gerar uma sociedade na qual a cultura do abuso não encontre espaço para perpetuar-se. Exorto a todos os cristãos e, especialmente, aos responsáveis por Centros de formação educativa terciária, de educação formal e não formal, Centros sanitários, Institutos de formação e universidades, a combinar esforços nas dioceses e com a sociedade civil toda para promover lúcida e estrategicamente uma cultura do cuidado e proteção. Que cada um desses espaços promova uma nova mentalidade.

5. A cultura do abuso e do encobrimento é incompatível com a lógica do Evangelho, já que a salvação oferecida por Cristo é sempre

---

[13] Cf. *Visita do Santo Padre Francisco ao Centro Penitenciário Feminino*, Santiago do Chile, 16 de janeiro de 2018.

[14] Cf. *Gaudete et exsultate*, 47-59.

uma oferta, um dom que reclama e exige a liberdade. Ao lavar os pés dos discípulos é como Cristo nos mostra o rosto de Deus. Nunca é por coação nem obrigação, mas por serviço. Digamos claramente, todos os meios que atentam contra a liberdade e a integridade das pessoas são antievangélicos; portanto, é preciso também gerar processos de fé nos quais se aprenda a saber quando é necessário duvidar e quando não.

> A doutrina, ou melhor, nossa compreensão e expressão dela "não é um sistema fechado, privado de dinâmicas capazes de gerar interrogações, dúvidas, questionamentos", já que as perguntas de nosso povo, suas angústias, suas brigas, seus sonhos, suas lutas, suas preocupações possuem valor hermenêutico que não podemos ignorar se quisermos levar a sério o princípio de encarnação.[15]

Convido todos os Centros de formação religiosa, faculdades teológicas, institutos terciários, seminários, casas de formação e de espiritualidade a promover uma reflexão teológica que seja capaz de estar à altura do tempo presente, promover uma fé madura, adulta e que assuma o *húmus* vital do povo de Deus com suas buscas e questionamentos. E assim, então, promover comunidades capazes de lutar contra situações abusivas, comunidades nas quais o intercâmbio, a discussão, a confrontação sejam bem-vindas.[16] Seremos fecundos à

---

[15] Cf. *Gaudete et exsultate*, 44.

[16] É imprescindível levar a cabo a tão necessária renovação nos Centros de formação impulsionada pela recente Constituição apostólica *Veritatis gaudium*. A modo de exemplo, sublinho que "na verdade, hoje em dia, a exigência prioritária é que todo o povo de Deus se prepare para empreender 'com espírito' uma nova etapa da evangelização. Isso requer 'entrar decididamente num processo de discernimento, purificação e reforma'. E, nesse processo, é chamada a desempenhar papel estratégico uma adequada renovação do sistema dos estudos eclesiásticos. Efetivamente, esses não são chamados apenas a oferecer lugares e percursos de formação qualificada dos presbíteros, das pessoas de vida consagrada e dos leigos comprometidos, mas constituem também uma espécie de providencial laboratório cultural onde a Igreja se exercita na interpretação performativa da realidade que brota do evento de Jesus Cristo e se nutre dos dons da

medida que potenciarmos comunidades abertas desde o seu interior, de forma que, assim, se libertem de pensamentos fechados e autorreferenciais cheios de promessas e miragens, que prometem vida, mas, definitivamente, favorecem a cultura do abuso.

Gostaria de fazer uma breve referência à pastoral popular que se vive em muitas de vossas comunidades, pois ela é um tesouro inestimável e autêntica escola onde aprender a escutar o coração de nosso povo e, no mesmo ato, o coração de Deus. Em minha experiência como pastor, aprendi a descobrir que a pastoral popular é um dos poucos espaços em que o povo de Deus é soberano da influência desse clericalismo que busca sempre controlar e frear a unção de Deus sobre o seu povo. Aprender da piedade popular é aprender a estabelecer um novo tipo de relação, de escuta e de espiritualidade que exige muito respeito e não se presta a leituras rápidas e simplistas, pois a piedade popular "reflete uma sede de Deus que somente os pobres e os simples podem conhecer".[17]

Ser "Igreja em saída" é também se deixar ajudar e interpelar. Não nos esqueçamos de que "o vento sopra onde quer: ouves a sua voz, mas não sabes de onde vem nem aonde vai. O mesmo sucede com todo aquele que nasceu do Espírito" (Jo 3,8).

6. Como vos dizia, nos encontros com as vítimas pude constatar que a falta de reconhecimento nos impede de caminhar. Por isso, creio ser necessário compartir convosco que muito me alegrou e deu esperança confirmar, no diálogo com eles, o seu reconhecimento de pessoas as quais gosto de chamar de "santos da porta ao lado".[18] Seríamos injustos se, ao lado de nossa dor e nossa vergonha por essas

---

Sabedoria e da ciência, com que o Espírito Santo enriquece de várias formas o povo de Deus: desde o *sensus fidei fidelium* ao magistério dos pastores, desde o carisma dos profetas ao dos doutores e teólogos" (*Veritatis gaudium*, 3).

[17] PAULO VI. *Evangelii nuntiandi*, 48.
[18] Cf. FRANCISCO. *Gaudete et exsultate*, 6-9.

estruturas de abuso e encobrimento que tanto se perpetuaram e tanto mal fizeram, não agradecêssemos a muitos fiéis leigos, consagrados, consagradas, sacerdotes, bispos que dão a vida por amor nas zonas mais recônditas da querida terra chilena. Todos eles são cristãos que sabem chorar com os demais, que buscam a justiça com fome e sede, que olham e agem com misericórdia;[19] cristãos que tentam cada dia iluminar a sua vida com a luz do protocolo com o qual seremos julgados: "Vinde, benditos de meu Pai, e recebei em herança o Reino que vos foi preparado desde o começo do mundo, porque tive fome e vós me destes de comer, tive sede e me destes de beber, fui peregrino e me acolhestes, estive nu e me vestistes, enfermo e me visitastes, preso e viestes ver-me" (Mt 25,34-36).

Reconheço e agradeço o vosso corajoso e constante exemplo que em momentos de turbulência, vergonha e dor, continuais a vos arriscar com alegria pelo Evangelho. Esse testemunho me faz muito bem e me sustenta em meu próprio desejo de superar o egoísmo para entregar-me mais.[20] Longe de diminuir a importância e seriedade ao mal causado e buscar as raízes dos problemas, compromete-nos também a reconhecer a força atuante e operante do Espírito em tantas vidas. Sem esse olhar, ficaríamos a meio caminho e poderíamos ingressar numa lógica que, longe de buscar potenciar o bom e remediar o errado, parcializaria a realidade caindo em grave injustiça.

Aceitar os acertos, assim como os limites pessoais e comunitários, longe de ser uma notícia a mais, se torna o pontapé inicial de todo autêntico processo de conversão e transformação. Nunca nos esqueçamos de que Jesus Cristo ressuscitado se apresenta aos seus com suas chagas. Mais ainda, precisamente a partir de suas chagas é que Tomé pode confessar a fé. Estamos convidados a não dissimular, esconder ou encobrir nossas chagas.

---

[19] Cf. ibid., 76, 79 e 82.
[20] Cf. Ibid., 76.

Uma Igreja chagada é capaz de compreender e comover-se com as chagas do mundo de hoje, fazê-las suas, sofrê-las, acompanhá-las e mover-se para procurar saná-las. Uma Igreja com chagas não se põe no centro, não se crê perfeita, não procura encobrir e dissimular o seu mal, mas põe ali o único que pode sanar as feridas e tem um nome: Jesus Cristo.[21]

É essa certeza que nos moverá a buscar, a tempo e fora do tempo, o compromisso para gerar uma cultura na qual cada pessoa tenha direito de respirar um ar livre de todo tipo de abusos. Uma cultura livre de encobrimentos que terminam viciando todas as nossas relações. Uma cultura que, diante do pecado, gere uma dinâmica de arrependimento, misericórdia e perdão, e, diante do delito, a denúncia, o juízo e a sanção.

7. Queridos irmãos, começava esta carta dizendo-vos que apelar a vós não é um recurso funcional ou um gesto de boa vontade, pelo contrário, é invocar a unção que como povo de Deus possuís. Convosco poderão ser dados os passos necessários para uma renovação e conversão eclesial que seja sã e em longo prazo. Convosco poderá ser gerada a transformação necessária que tanto se necessita. Sem vós não se pode fazer nada. Exorto a todo o santo povo fiel de Deus que vive no Chile a não ter medo de envolver-se e caminhar impelido pelo Espírito na busca de uma Igreja cada dia mais sinodal, profética e esperançosa; menos abusiva porque sabe pôr Jesus no centro, no faminto, no preso, no migrante, no abusado.

Peço-vos que não deixeis de rezar por mim. Faço o mesmo por vós e peço a Jesus que vos abençoe e à Virgem Santa que cuide de vós.

Francisco

---

[21] Cf. *Encontro com os sacerdotes, religiosos/as, consagrados/as e seminaristas*, Santiago do Chile, 16 de janeiro de 2018.

FRANCISCO

"Erradicar a cultura do abuso"
Carta ao povo de Deus

GUIA DE LEITURA DA "CARTA AO POVO DE DEUS"

James Hanvey S.I.

A *Carta do Santo Padre Francisco ao povo de Deus* marca um momento decisivo na vida da Igreja. Considerando-a junto com a carta que o Papa dirigiu em abril à Conferência Episcopal do Chile, constitui um exemplo de liderança inspirado que tem todas as características de seu pontificado: é pastoral, concreta, espiritual e profética. O Papa denuncia as "profundas feridas de dor" nas vítimas e na Igreja derivadas dos abusos sexuais perpetrados por sacerdotes, bispos e cardeais, e pede uma profunda conversão daquela atitude que ele define como "clericalismo". Essa é uma tarefa que só o povo de Deus, em seu conjunto, pode cumprir.

Nos últimos meses veio à luz o inexorável peso do sofrimento causado na Igreja pelos abusos em todas as suas formas. Como também o fato de que, com prescindência dos motivos, a Igreja tenha agido em conluio com os abusadores para tentar silenciar as vítimas e ocultar a verdade. Como é possível que um grupo que faz parte da Igreja tenha podido pensar que proteger a si mesmo era um serviço a Deus mais importante que reconhecer essa enorme fonte de sofrimento e o escândalo de vidas destruídas, vidas de fiéis inocentes? Como podia a Igreja tutelar a dignidade da pessoa humana e pretender ser a defensora dos pobres e dos indefesos, a voz dos sem voz e a memória dos esquecidos, quando ela mesma foi capaz, como qualquer Estado leigo, de calar o grito daqueles aos quais afirmava querer amar e apreciar? Se a justificação foi a de impedir que o escândalo minasse a fé do povo de Deus, a quem se "protegeu"? A Igreja ou a "carta" clerical? Foi nesse contexto e com essas legítimas interrogações que o Papa Francisco escreveu sua "Carta ao povo de Deus".

Alguns poderão pensar que não são mais que palavras piedosas, pondo em dúvida que o convite à penitência e à oração seja adequado, dada a enormidade da crise e a profundidade da dor que ela causou e continua causando. No entanto, Francisco demonstrou com suas ações que não se trata de retórica. A carta presta ouvidos ao grito das vítimas, sufocado por tempo demais, silenciado ou negado, e fala da verdade dos abusos clericais na Igreja mostrados pelo relatório do tribunal de Pensilvânia. Seria um erro pensar que esses abusos podem estar localmente restritos à América do Norte, Chile, Grã-Bretanha ou Europa. A carta do Papa não é uma estratégia política, uma admissão de culpa feita na esperança de que a questão possa der desdramatizada, contida e esquecida, uma vez que a atenção da opinião pública se veja distraída pelo próximo escândalo ou pelo próximo acontecimento.

Francisco não é um político; é um servidor de Deus e da Igreja de Deus. A Igreja – como também os que sofreram os abusos – não pode seguir em frente sem mais: a realidade dos abusos e sua verdade – uma verdade sempre profundamente pessoal – devem irromper no presente e mudá-lo, não podem ser domesticadas ou envoltas em palavras e consignadas à história. Fazer isso seria a maior das traições. O Espírito não entra em jogos políticos, não leva ao engano e não distrai. A moeda do Espírito é a verdade: verdade com respeito a Deus e verdade com respeito a nós. O Papa Francisco compreendeu, através do discernimento, que quem fala na visibilidade e na voz dos que sofrem é o Espírito. Se não prestamos ouvidos e não damos depois uma resposta que vá além dos necessários protocolos e dos instrumentos jurídicos, a Igreja perderá a graça que lhe é oferecida.

Correrá o perigo de fazer de si e de sua própria sobrevivência um fim em si mesmo, sucumbindo à tentação de uma idolatria institucional.

Cremos que a carta de Francisco, com o seu intento de prestar atenção à voz e à presença do Espírito, marca um acontecimento histórico decisivo depois do qual não é possível retroceder. A carta não somente reconhece as vítimas dos abusos clericais e da cultura que os perpetua, mas também descreve a desolação em que a Igreja vive justamente por esse motivo. No entanto, não é uma carta de desolação, mas de consolação. O Espírito respira através de suas páginas.

O Espírito do testemunho

Na voz de todos aqueles que foram vítimas de abuso, o Espírito dá testemunho contra os abusadores e fala a favor de suas vítimas. Eis por que a primeira resposta da Igreja não é a de despojá-los de sua voz e de seu testemunho. A primeira tarefa de uma Igreja autêntica em seu desejo de conversão e de arrependimento é a de dar ouvido. Esta é, frequentemente, a tarefa mais difícil de todas. Analisar, categorizar e burocratizar o testemunho de todos os que foram – ou ainda são – objeto de abuso é um ato a mais de violência. A história única que viveram se traduz e relata em outras narrações das quais eles não têm mais controle. A sua voz se perde, os seus rostos se tornam anônimos. Se a Igreja é verdadeiramente solidária e deseja sinceramente mudar, deve dar ouvido e honrar toda pessoa vítima de abuso.

O abuso não é só um momento – ou vários momentos – de violência, manipulação, engano e submissão: entra na alma, como também no coração e na mente. É uma ruptura do eu e do sentimento fundamental de segurança do qual depende a identidade. O abuso, também quando é sepultado, continua tendo o poder de sequestrar, destruir e minar uma vida. Não pode ser "curado" de maneira simples e rápida, porque a vida da pessoa – sua identidade e a confiança em si mesma e nas relações pessoais – está sempre sob ameaça.

No caso dos abusos clericais, a maneira como o agressor impôs o seu poder e utilizou até as mesmas fórmulas de fé para esconder a verdade e obrigar a pessoa da qual estava abusando converte amiúde a linguagem da espiritualidade ou os próprios sacramentos em lugares de memória e de lembranças destrutivas. Eis por que temos de ser extremamente cautos ao recorrer a essas fórmulas como fontes de compreensão ou promovê-las como estratégias para a recuperação. Podem ter ficado contaminadas pela pessoa que foi vítima de abuso. Com efeito, podem ser também um sintoma da própria cultura clerical que, consciente ou inconscientemente, permitiu que os abusos continuassem sendo possíveis.

O testemunho dos que foram vítimas de abuso continuará fazendo parte da identidade da Igreja. Sua perseverança e sua coragem é um *kairós*, quer dizer, uma ocasião propícia de conversão e de renovação para a Igreja. O testemunho dado pelo sofrimento dos que foram vítimas de abuso e o desmascaramento de sua causa são certamente fonte de desolação, mas são indícios válidos. Põem a Igreja contra a idolatria que antepõe a reputação institucional à vida do povo de Deus. Sem esse testemunho, a Igreja perde a verdade, que é a liberdade mesma e a alegria de sua vida, a condição de sua missão. A Igreja não pode garantir a sua própria existência ou sobrevivência: vive sempre a partir de Cristo e do Espírito que dá vida. Só quando ela se alegra com sua própria pobreza é livre para servir a Cristo e só a ele.

A ameaça mais profunda a essa liberdade é o medo: medo de reconhecer o pecado e a corrupção; medo de perder a influência e a segurança; medo de perder o controle e o poder. Francisco sublinha em todos os seus escritos essa tentação. Eis por que a Igreja necessita viver constantemente além de si mesma, no sacrifício e no amor que se entrega para a vida do mundo. Como exprimiu claramente o Concílio Vaticano II na Constituição *Lumen gentium*, essa não é apenas a forma do discipulado que plasma cada vida cristã, mas é a forma da santidade à qual todos estamos chamados, independentemente da direção que possam tomar nossa vida e nossas relações. Isso vale em particular para as vocações ao sacerdócio e à vida religiosa.

O clericalismo finge proteger o sacramento do Sacerdócio. Na realidade, o instrumentaliza, pondo-o não à disposição de Deus ou da comunidade, mas exclusivamente em benefício de si mesmo. Essa é a grande tentação de todo dom de um ofício, seja leigo ou eclesiástico, e o único modo de resistir a ela é procurar viver com uma consciência interior de nossa pobreza, com uma atitude habitual de humildade e com um sentimento de gratidão pelo dom que foi confiado a nós. Isso é evidente na vida de muitos sacerdotes e religiosos (homens e mulheres) oferecida no "óbolo da viúva" de um serviço humilde. Neste sentido, a conversão não é um feito súbito, mas um processo que dura toda a vida e que exige oração – nos momentos bons, nos momentos maus e nos de tédio –, honestidade, humildade, coragem e fé. Quanto mais profundo for o amor que temos por Cristo e pelo mundo criado e remido nele, melhor saberemos remover tudo aquilo que constitua um obstáculo para ele e para a sua obra.

Sob o impulso desse amor, a Igreja pedirá constantemente ao Espírito que renove e dilate a sua vida, para que ela possa viver mais plenamente o *semper maior* de um amor generoso. Esse é o processo do qual Francisco falou em todos os seus escritos e em todas as suas homilias. Ele considera que a Igreja não é apenas uma estrutura institucional, mas uma estrutura feita de pessoas. Se as estruturas são relações e estas devem refletir a economia da verdade, da graça e do amor de Deus, então essa economia deve estar arraigada na vida e nas relações de todos os membros da Igreja.

O Espírito da recordação e da intercessão

O Espírito é quem recorda à mente todas as coisas e, ao fazê-lo, também intercede. No ato de "recordar", o Espírito Santo toma a nossa narração e a coloca dentro da narração de Cristo, quer dizer, na história da salvação. Como diz o salmista: "à tua luz vemos a luz" (Sl 36/35,10). A obra de transposição e de interpretação do Espírito faz com que a graça reconciliadora e libertadora de Cristo seja acessível e esteja ativa no seio da atormentada história da humanidade. Desse modo, o Espírito garante a justiça última de Deus, a fim de que nenhum sofrimento inocente se perca ou desvalorize nunca, mas que seja iluminado e resplandeça nas trevas.

Em Cristo crucificado e ressuscitado, a Igreja vê cada vítima e suas feridas e, através da ação do Espírito Santo, toda celebração eucarística é uma anamnese sua e deles, feitos presentes diante de nós agora e em cada momento já passado ou futuro. Trata-se, na realidade, de uma memória perigosa, porque subverte as estratégias de evitação e supressão. Assim se invertem os valores de todas as hierarquias de poder e, como explica a carta do Papa Francisco, o Senhor nos mostra "de que lado quer estar". Cada vez que o sacerdote que abusa celebra a Eucaristia, encontra-se nessa luz penetrante que manifesta tudo o que está escondido: encontra-se com esse Senhor e, nele, com as vítimas de seus próprios abusos.

Através da epiclese do Espírito Santo, a comunidade inteira está presente tanto no testemunho como na intercessão, porque o Espírito é também o criador de tal solidariedade. "Solidariedade" não quer dizer que assumimos a responsabilidade pertencente ao agressor, mas, sim, o sofrimento das vítimas, decidindo escutar o seu grito e buscar justiça para elas. Tornamo-nos seus apoios na oração e na vida. Desse modo, podemos começar a experimentar a graça profunda da vida da Igreja e sua esperança, a verdadeira "comunhão dos santos", para quem a intercessão é uma verdadeira obra de reparação.

A comunidade cheia de fé da Eucaristia e da intercessão faz brilhar sobre o caminho longo, escuro e tortuoso da história uma luz que cura e que guia, um sinal de que o Reino já está presente. Não podemos amar Cristo, se não amamos a sua Igreja, não importa quão desfigurada e debilitada esteja, mas nunca abandonada pelo Espírito, que habita com a comunidade e, como a *šekinah*, a enche de uma glória que sanará o mundo.

O Espírito de consolação e de vida nova

Não há barreiras para o Espírito Santo. Nem sequer o mundo secular, que não quer deixar espaço para Deus, pode ser separado do Espírito. Mais ainda, o mundo pode converter-se no instrumento do mesmo Espírito. Acaso não foi este mundo secular que reconheceu a responsabilidade da Igreja, quando ela não conseguia fazê-lo por si só? Não são acaso os tribunais e organismos seculares que ensinaram à Igreja a necessidade da transparência, sem a qual não pode haver credibilidade? Através de tais instituições do Estado, o Espírito ensina a Igreja a "dizer energicamente não a qualquer forma de clericalismo". Também o mundo secular impele a Igreja à conversão, a ser uma Igreja na qual seja possível confiar e na qual se possa crer.

Inclusive com o risco de possíveis generalizações e distorções, a Igreja confiou até agora em mudanças técnicas para fazer frente à crise dos abusos: procedimentos, protocolos, estruturas jurídicas etc. Estes meios são necessários, mas não mudarão uma cultura; são os sinais necessários da conversão, mas não são a conversão mesma. Com efeito, podem tornar-se seus substitutos. O Papa está comprometido em algo muito mais difícil: chama àquela profunda mudança adaptativa exigida pela conversão. Tal mudança não é uma ameaça para a essência e para a verdade da Igreja, antes, porém, a restabelece.

Francisco nos pede para ir muito além da mera salvaguarda dos programas, procedimentos e estruturas disciplinares, por necessárias que sejam, sem dúvida alguma. O Papa, servidor do Concílio, reconhece que devemos renovar a cultura eclesial criando um sacerdócio e um episcopado que sejam conformes com o sacramento no qual se fundamentam. Será preciso desenvolver novas estruturas que manifestem esses valores, encanem a justiça e a compaixão e protejam todas as partes da falsidade e da exploração. Tais estruturas deverão refletir uma efetiva subsidiariedade dentro da vida da Igreja e uma abertura às competências, independentemente do gênero ou do status eclesial. O Espírito há de poder penetrar cada aspecto da vida da Igreja, e isso requererá uma disponibilidade para discernir e para aprender de todas as fontes.

Essa é a mudança adaptativa da conversão que inclui um novo hábito. Uma mudança semelhante é sempre a mais difícil e a mais dolorosa. Aqueles que a apoiam ou dirigem correrão frequentemente o perigo de serem rechaçados ou de se tornarem bodes expiatórios. Tal mudança nos impõe enfrentar a verdade e não jogar a culpa nos outros; obriga-nos a não eludir o processo com "soluções provisórias" para evitar dor ou embaraço. Impele-nos a outro nível de percepção e de compreensão para ir além daquilo que, para nós, é familiar e cômodo, e a permitir que nossa mente e nosso coração sejam renovados até que comecemos a ter "a mente de Cristo" (1Cor 2,16). Tudo isso leva tempo; requer a graça da fortaleza de espírito e da perseverança, mas também a fé no povo de Deus e nos carismas que o Espírito lhe concedeu com tanta abundância.

Há muitos que querem opor-se à mudança adaptativa da conversão. Talvez estejam convencidos de que essa mudança não é necessária, ou que faz mais falta uma reforma restauradora do que uma *metánoia* (conversão) institucional. Não obstante, não se pode fugir da realidade que a Igreja está enfrentando no presente. Os que creem poder restabelecer a dignidade da Igreja ou a de seus sacerdotes vestindo-se com uma roupagem cada vez mais suntuosa, confundindo a liturgia com o teatro, pensando que, de alguma maneira, Deus está mais atento a uma "linguagem sacra" do que à oração sem adornos dos *anauim*, dos pobres no espírito, correm o perigo de ser os guardiões de um sepulcro vazio. São surdos às palavras do anjo: "Por que procurais entre os mortos quem está vivo?" (Lc 24,5). Esqueceram a linguagem de Deus que vem "por nós", transcendente em sua mesma pobreza e simplicidade, e cuja dignidade reside em lavar nossos pés.

Cristo ressuscitado não é o prisioneiro da história, mas seu Senhor e salvador. Uma Igreja que o confessa e que o segue deve compreender que, para sermos fiéis a Cristo na história, devemos mudar a nós mesmos para mudar a história. Esta é a condição da existência mesma e da missão da Igreja: testemunhar de maneira mais clara e mais eficaz o Senhor, o único que pode curar e restabelecer o que é humano num mundo que está procurando desesperadamente recordar o que é o humano. A carta do Papa traça o caminho que devemos empreender se amamos sinceramente a Igreja, o corpo de Cristo, e cremos em sua missão.

CARTA AO POVO DE DEUS 20 DE AGOSTO DE 2018

"Se um membro sofre, todos sofrem com ele" (1Cor 12,26). Estas palavras de São Paulo ressoam com força no meu coração, ao constatar mais uma vez o sofrimento vivido por muitos menores por causa de abusos sexuais, de poder e de consciência cometidos por um número notável de clérigos e pessoas consagradas. Um crime que gera profundas feridas de dor e impotência; em primeiro lugar nas vítimas, mas também em suas famílias e em toda a comunidade, sejam crentes ou não crentes. Olhando para o passado, nunca será suficiente o que se faça para pedir perdão e procurar reparar o dano causado. Olhando para o futuro, nunca será pouco tudo o que for feito para gerar uma cultura capaz de evitar que essas situações não só não se repitam, mas que não encontrem espaços para serem encobertas e perpetuadas. A dor das vítimas e das suas famílias é também a nossa dor, por isso, urge reafirmar mais uma vez o nosso compromisso em garantir a proteção de menores e de adultos em situações de vulnerabilidade.

1. Se um membro sofre

Nestes últimos dias, um relatório foi divulgado detalhando aquilo que vivenciaram pelo menos 1.000 sobreviventes, vítimas de abuso sexual, de poder e de consciência, nas mãos de sacerdotes, por aproximadamente setenta anos. Embora seja possível dizer que a maioria dos casos corresponde ao passado, contudo, ao longo do tempo, conhecemos a dor de muitas das vítimas e constamos que as feridas nunca desaparecem e nos obrigam a condenar veementemente essas atrocidades, bem como a unir esforços para erradicar essa cultura da morte; as feridas "nunca prescrevem". A dor dessas vítimas é um gemido que clama ao céu, que alcança a alma e que, por muito tempo, foi ignorado, emudecido ou silenciado. Mas seu grito foi mais forte do que todas as medidas que tentaram silenciá-lo ou, inclusive, que procuraram resolvê-lo com decisões que aumentaram a gravidade caindo na cumplicidade. Clamor que o Senhor ouviu, demonstrando, mais uma vez, de que lado ele quer estar. O cântico de Maria não se equivoca e continua a se sussurrar ao longo da história, porque o Senhor se lembra da promessa que fez a nossos pais: "dispersa os soberbos de coração, derruba os poderosos de seus tronos e exalta os humildes, aos famintos cumula de bens e aos ricos despede de mãos vazias" (Lc 1,51-53), e sentimos vergonha quando constatamos que o nosso estilo de vida desmentiu e desmente aquilo que recitamos com a nossa voz.

Com vergonha e arrependimento, como comunidade eclesial, assumimos que não soubemos estar onde deveríamos estar, que não agimos a tempo para reconhecer a dimensão e a gravidade do dano que estava sendo causado em tantas vidas. Nós negligenciamos e abandonamos os pequenos. Faço minhas as palavras do então Cardeal Ratzinger, quando, na *Via Crucis* escrita para a Sexta-feira Santa de 2005, uniu-se ao grito de dor de tantas vítimas, afirmando com força: "Quanta sujeira há na Igreja, e precisamente entre aqueles que, no sacerdócio, deveriam pertencer completamente a ele! Quanta soberba, quanta autossuficiência!... A traição dos discípulos, a recepção indigna do seu Corpo e do seu Sangue, são certamente os maiores sofrimentos do Redentor, o que lhe trespassa o coração. Nada mais podemos fazer que dirigir-lhe, do mais fundo da alma, este grito: *Kyrie, eleison* – Senhor, salva-nos (cf. Mt 8,25)" (Nona Estação).

2. Todos os outros membros sofrem com ele

A dimensão e a gravidade dos acontecimentos obrigam a assumir esse fato de maneira global e comunitária. Embora seja importante e necessário em qualquer caminho de conversão tomar conhecimento do que aconteceu, isso, em si, não basta. Hoje, como povo de Deus, somos desafiados a assumir a dor de nossos irmãos feridos na sua carne e no seu espírito. Se, no passado, a omissão pôde tornar-se uma forma de resposta, hoje queremos que seja a solidariedade, entendida no seu sentido mais profundo e desafiador, a tornar-se o nosso modo de fazer a história presente e futura, num âmbito onde os conflitos, tensões e, especialmente, as vítimas de todo o tipo de abuso possam encontrar uma mão estendida que as proteja e resgate da sua dor.[1] Essa solidariedade exige, por sua vez, que denunciemos tudo o que possa comprometer a integridade de qualquer pessoa. Uma solidariedade que exige a luta contra todas as formas de corrupção, especialmente a espiritual, "porque se trata duma cegueira cômoda e autossuficiente, em que tudo acaba por parecer lícito: o engano, a calúnia, o egoísmo e muitas formas sutis de autorreferencialidade, já que 'também Satanás se disfarça em anjo de luz' (2Cor 11,14)".[2] O chamado de São Paulo para sofrer com quem sofre é o melhor antídoto contra qualquer tentativa de continuar reproduzindo entre nós as palavras de Caim: "Sou, porventura, o guardião do meu irmão?" (Gn 4,9).

Sou consciente do esforço e do trabalho que são feitos em diferentes partes do mundo para garantir e gerar as mediações necessárias que proporcionem segurança e protejam a integridade de crianças e de adultos em situação de vulnerabilidade, bem como a implementação da "tolerância zero" e de modos de prestar contas

---

[1] Cf. Exortação apostólica *Evangelii gaudium*, 228.

[2] Exortação apostólica *Gaudete et exsultate*, 165.

por parte de todos aqueles que realizem ou acobertem esses delitos. Tardamos em aplicar essas medidas e sanções tão necessárias, mas confio que elas ajudarão a garantir uma maior cultura do cuidado no presente e no futuro.

Juntamente com esses esforços, é necessário que cada batizado se sinta envolvido na transformação eclesial e social de que tanto necessitamos. Tal transformação exige a conversão pessoal e comunitária, e nos leva dirigir os olhos na mesma direção do olhar do Senhor. São João Paulo II assim o dizia: "se verdadeiramente partimos da contemplação de Cristo, devemos saber vê-lo sobretudo no rosto daqueles com quem ele mesmo se quis identificar".[3] Aprender a olhar para onde o Senhor olha, estar onde o Senhor quer que estejamos, converter o coração na sua presença. Para isso nos ajudarão a oração e a penitência. Convido todo o povo santo fiel de Deus ao *exercício penitencial da oração e do jejum*, seguindo o mandato do Senhor,[4] para que desperte a nossa consciência, a nossa solidariedade e o compromisso com uma cultura do cuidado e do "nunca mais" a qualquer tipo e forma de abuso.

É impossível imaginar uma conversão do agir eclesial sem a participação ativa de todos os integrantes do povo de Deus. Além disso, toda vez que tentamos suplantar, silenciar, ignorar, reduzir em pequenas elites o povo de Deus, construímos comunidades, planos, ênfases teológicas, espiritualidades e estruturas sem raízes, sem memória, sem rosto, sem corpo, enfim, sem vida.[5] Isso se manifesta claramente num modo anômalo de entender a autoridade na Igreja – tão comum em muitas comunidades nas quais ocorreram as condutas de abuso sexual, de poder e de consciência – como é o clericalismo, essa "atitude que não só anula a personalidade dos cristãos,

---

[3] Carta apostólica *Novo millennio ineunte*, 49.
[4] "Esta espécie de demônios só se expulsa à força de oração e de jejum" (Mt 17,21).
[5] Cf. *Carta ao povo de Deus que peregrina no Chile, supra*.

mas tende também a diminuir e a subestimar a graça batismal que o Espírito Santo pôs no coração de nossa gente".[6] O clericalismo, favorecido tanto pelos próprios sacerdotes como pelos leigos, gera uma ruptura no corpo eclesial que beneficia e ajuda a perpetuar muitos dos males que denunciamos hoje. Dizer não ao abuso é dizer energicamente não a qualquer forma de clericalismo.

É sempre bom lembrar que o Senhor,

> na história da salvação, salvou um povo. Não há identidade plena, sem pertença a um povo. Ninguém se salva sozinho, como indivíduo isolado, mas Deus atrai-nos tendo em conta a complexa rede de relações interpessoais que se estabelecem na comunidade humana: Deus quis entrar numa dinâmica popular, na dinâmica dum povo.[7]

Portanto, a única maneira de respondermos a esse mal que prejudicou tantas vidas é vivê-lo como uma tarefa que nos envolve e corresponde a todos como povo de Deus. Esta consciência de nos sentirmos parte de um povo e de uma história comum nos permitirá reconhecer nossos pecados e erros do passado com uma abertura penitencial capaz de se deixar renovar a partir de dentro. Tudo o que for feito para erradicar a cultura do abuso em nossas comunidades, sem a participação ativa de todos os membros da Igreja, não será capaz de gerar as dinâmicas necessárias para uma transformação saudável e realista. A dimensão penitencial do jejum e da oração ajudar-nos-á, como povo de Deus, a nos colocar diante do Senhor e de nossos irmãos feridos, como pecadores que imploram o perdão e a graça da vergonha e da conversão e, assim, podermos elaborar ações que criem dinâmicas em sintonia com o Evangelho. Porque "sempre que procuramos voltar à fonte e recuperar o frescor original

---

[6] *Carta do Papa Francisco ao Cardeal Marc Ouellet,* presidente da Pontifícia Comissão para a América Latina (19 de março de 2018).

[7] Exortação apostólica *Gaudete et exsultate*, 6.

do Evangelho, despontam novos caminhos, métodos criativos, outras formas de expressão, sinais mais eloquentes, palavras cheias de renovado significado para o mundo atual".[8]

É imprescindível que nós, como Igreja, possamos reconhecer e condenar, com dor e vergonha, as atrocidades cometidas por pessoas consagradas, clérigos, e inclusive por todos aqueles que tinham a missão de assistir e cuidar dos mais vulneráveis. Peçamos perdão pelos pecados, nossos e dos outros. A consciência do pecado nos ajuda a reconhecer os erros, delitos e feridas geradas no passado e permite que nos abramos e nos comprometamos mais com o presente num caminho de conversão renovada.

Da mesma forma, a penitência e a oração nos ajudarão a sensibilizar os nossos olhos e os nossos corações para o sofrimento alheio e a superar o afã de domínio e controle que muitas vezes se torna a raiz desses males. Que o jejum e a oração despertem os nossos ouvidos para a dor silenciada em crianças, jovens e pessoas com necessidades especiais. Jejum que nos dê fome e sede de justiça e nos impila a caminhar na verdade, dando apoio a todas as medidas judiciais que sejam necessárias. Um jejum que nos sacuda e nos leve ao compromisso com a verdade e à caridade com todos os homens de boa vontade e com a sociedade em geral, para lutar contra qualquer tipo de abuso de poder, sexual e de consciência.

Dessa forma, poderemos tornar transparente a vocação para a qual fomos chamados a ser "um sinal e instrumento da íntima união com Deus e da unidade de todo o gênero humano".[9]

"Se um membro sofre, todos sofrem com ele", nos dizia São Paulo. Através da atitude de oração e penitência, poderemos entrar em sintonia pessoal e comunitária com essa exortação, para que cresça entre nós o dom da compaixão, justiça, prevenção e reparação.

---

[8] Exortação apostólica *Evangelii gaudium*, 11.

[9] Concílio Ecumênico Vaticano II, Constituição dogmática *Lumen gentium*, 1.

Maria soube estar ao pé da cruz de seu Filho. Não o fez de uma maneira qualquer, mas permaneceu firme de pé e ao seu lado. Com essa postura manifesta o seu modo de estar na vida. Quando experimentamos a desolação que nos produz essas chagas eclesiais, com Maria nos fará bem "insistir mais na oração",[10] procurando crescer mais no amor e na fidelidade à Igreja. Ela, a primeira discípula, nos ensina a todos os discípulos como somos convidados a enfrentar o sofrimento do inocente, sem evasões ou pusilanimidade. Olhar para Maria é aprender a descobrir onde e como o discípulo de Cristo deve estar.

Que o Espírito Santo nos dê a graça da conversão e da unção interior para poder expressar, diante desses crimes de abuso, a nossa compunção e a nossa decisão de lutar com coragem.

Francisco

---

[10] *Exercícios espirituais*, 319.

Rua Dona Inácia Uchoa, 62
04110-020 – São Paulo – SP (Brasil)
Tel.: (11) 2125-3500
http://www.paulinas.com.br – editora@paulinas.com.br
Telemarketing e SAC: 0800-7010081